初級日本語
[げんき]

AN INTEGRATED COURSE IN
ELEMENTARY JAPANESE

げんき

GENKI

I

ワークブック
WORKBOOK

Eri Banno 坂野永理
Yutaka Ohno 大野裕
Yoko Sakane 坂根庸子
Chikako Shinagawa 品川恭子

The Japan Times

First edition: February 2000
36th printing: October 2006

Editorial assistance: guild
Illustrations: Noriko Udagawa
Cover art and Editorial design: Nakayama Design Office
Gin-o Nakayama, Mutsumi Satoh, and Masataka Muramatsu
Published by The Japan Times, Ltd.
5-4, Shibaura 4-chome, Minato-ku, Tokyo 108-0023, Japan
Phone: 03-3453-2013
http://bookclub.japantimes.co.jp/
http://genki.japantimes.co.jp/

ISBN4-7890-1001-5

Printed in Japan

はじめに

　このワークブックはテキスト『初級日本語 げんき』の補助教材として使われることを目的として作られました。文法の練習をはじめ、聞く練習、漢字の練習などがあり、テキストで勉強した後、このワークブックを使い、学習項目の定着をはかることができます。

　本書の「会話・文法編」には、テキストで導入された各文法項目につき１ページのワークシートがあります。英語から日本語に翻訳する練習、絵を見て文を作る練習、穴埋め練習、質問に自由に答える練習などがありますが、既習の文法項目や単語も復習できるように出題されています。

　さらに、総合的な練習として、各課の最後に「聞く練習」のワークシートがあります。１つの課につき、会話文を中心として３つまたは４つの問題がCD に収録されていますので、それを聞いてワークシートの質問に答えてください。問題にはその課で導入された文法項目や単語が含まれていますので、課の学習項目をすべて修了した後に行ったほうがいいでしょう。

　「読み書き編」は、漢字の練習シートと漢字の穴埋め問題で構成されています（『げんきⅠ』のワークブックには英文和訳もあります）。漢字の導入後、書き方を覚えるまで、この漢字練習シートを使って何度も書いてみましょう。まず、その漢字のバランスを意識して、薄く書かれている漢字をなぞってみます。筆順はテキストの漢字表を参考にしてください。それから、そのモデルになるべく似せて書く練習をしましょう。

　漢字の穴埋め問題は、文章の中に漢字や熟語が意味のあるものとして組み込まれていますから、穴埋めをする前に必ず文章全体を読んでください。

　『げんきⅠ』の英文和訳の練習では、習った漢字をできるだけ使って文を書いてみましょう。

Preface

This workbook is designed as supplementary material for the textbook *Genki: An Integrated Course in Elementary Japanese.* It contains grammar exercises as well as listening practice and practice for kanji, and reinforces what was taught in each lesson of the textbook.

The Dialogue and Grammar section in this book contains a worksheet for each grammar point introduced in the textbook. The sheets include such exercises as translating English into Japanese, expressing the given pictures in Japanese, filling in the blanks, and answering open-end questions. Exercises are provided in such a way that students can also review the previously taught grammar items and vocabulary.

A worksheet for comprehensive listening practice is provided at the end of each lesson. It requires students to listen to three or four dialogues on the CD, and to answer questions on the sheet. These exercises should be carried out at the end of each lesson because the dialogues include a number of the study points from the lesson.

The Reading and Writing section consists of kanji worksheets and fill-in-the-blank type questions about the kanji. (Vol. 1 also includes English-Japanese translations.) Newly introduced kanji should be written over and over on the sheet until memorized. First, trace the lightly printed kanji samples, paying attention to the balance of the characters. For stroke order, refer to the kanji chart in the textbook. Continue by copying kanji into the blank boxes.

For the fill-in-the-blank questions about kanji, students should read through the whole sentences before filling in the blanks in order to learn kanji in context. For the English-Japanese translations in Vol. 1, students are encouraged to use previously taught kanji as much as possible.

げんき①ワークブック●もくじ

会話・文法編
かいわ ぶんぽう へん

あいさつ ■ Greetings

▶ What are these people saying? Write in Japanese the appropriate expression for each situation.

1. おはようございます。

2. こんにちは。

3. こんばんは。

4. すみません。

5. いただきます。

6. ごちそうさま。

7. おじゃまします。いってらっしゃい。

9. ただいま。

8. いってきます。

10. おかえり[なさい]。

11. よろしくおねがいします。(はじめまして。)

12. じゃね。

13. おやすみなさい

14. おはよう。

クラス _____ なまえ _____
(Class)   (Name)

第1課 1 Numbers
だい いっ か

▶ Write the following numbers in Arabic numerals.

(1) ご   5   (11) じゅうろく   16

(2) ぜろ   0   (12) よんじゅう   40

(3) きゅう   9   (13) にじゅういち   21

(4) さん   3   (14) ひゃくろくじゅうよん   164

(5) なな   7   (15) きゅうじゅうに   92

(6) に   2   (16) さんじゅうご   35

(7) ろく   6   (17) ななじゅうろく   76

(8) いち   1   (18) じゅうはち   18

(9) はち   8   (19) ひゃくごじゅうなな   157

(10) よん   4   (20) ひゃくいち   101

第1課 2 Time and Telephone Numbers
だい いっ か

(I) Time—Look at the following pictures and write the answers.

1.　| 5 : 00 PM |　Q：いま　なんじですか。

　　　　　　　　　　A：五時午後です。

2.　| 9 : 00 AM |　Q：いま　なんじですか。

　　　　　　　　　　A：九時午前です。

3.　| 12 : 30 PM |　Q：いま　なんじですか。

　　　　　　　　　　A：午後十二時半です。

4.　| 4 : 30 AM |　Q：いま　なんじですか。

　　　　　　　　　　A：午前四時半です。

(II) Telephone Numbers—Ask three people what their phone numbers are and write down the numbers in both Japanese and Arabic numerals.

1. ＿＿＿＿＿＿＿＿＿＿＿＿＿＿＿＿＿＿＿＿＿＿＿＿＿＿＿＿＿＿
　　(Arabic numerals:　　　　　　　　　)

2. ＿＿＿＿＿＿＿＿＿＿＿＿＿＿＿＿＿＿＿＿＿＿＿＿＿＿＿＿＿＿
　　(Arabic numerals:　　　　　　　　　)

3. ＿＿＿＿＿＿＿＿＿＿＿＿＿＿＿＿＿＿＿＿＿＿＿＿＿＿＿＿＿＿
　　(Arabic numerals:　　　　　　　　　)

第1課 だいいっか 3 Noun₁の noun₂・X は Y です

Ⅰ Translate the following phrases into Japanese using the framework "A の B."
Note carefully that the order in which the two nouns appear may be different in
English and in Japanese. Read Grammar 3 (pp. 16-17).

1. Japanese student _____ 日本人の学生.

2. Takeshi's telephone number _____ たけしさんの電わ番ごう

3. My friend _____ ぼくの友だち

4. English-language teacher _____ 英語の先生

5. Michiko's major _____ みちこさんのせんもん

Ⅱ Using the framework "X は Y です," translate the following sentences into
Japanese.

1. Ms. Ogawa is Japanese.

　おがわさん _____ は 日本人 _____ です。

2. Mr. Takeda is a teacher.
　たけださんは先生です。

3. I am an international student.
　ぼくは留学生です。

4. Michiko is a first-year student.
　みちこさんは一年生です。

5. Ms. Yamamoto is 25 years old.
　山本さんは二十五歳です。

6. My major is Japanese.
　ぼくのせんもんは日本語です。

第1課 4 Question Sentences
だい いっ か

(I) Ask the right questions in each of the following exchanges.

1. You : <u>何年生ですか。</u>

   Kimura : よねんせいです。

2. You : <u>せんもんは 何ですか。</u>

   Kimura : れきしです。

3. You : <u>何歳ですか。</u>

   Kimura : じゅうきゅうさいです。

4. You : <u>電わ番ごうは 何ですか。</u>

   Kimura : よんさんの ろくきゅういちななです。

5. You : すみません、いま <u>何時ですか。</u>

   Kimura : いま くじはんです。

(II) Translate the following sentences into Japanese.

1. Are you a student?

   学生ですか。

   Yes, I am a student at Nihon University.

   ええ、日本大学の 学生です。

2. Is Michiko a fourth-year student?

   みちこさんは 四年生ですか。

   No, Michiko is a third-year student.

   いいえ、みちこさんは 三年生です。

第1課 5 きくれんしゅう (Listening Comprehension)
だい いっ か

Ⓐ Listen to the CD and choose the correct picture below. 🔊 Disk1-17

1. (　　　) 2. (　　　) 3. (　　　) 4. (　　　) 5. (　　　) 6. (　　　)

7. (　　　) 8. (　　　) 9. (　　　) 10. (　　　) 11. (　　　)

(a)

(b)

(c)

(d)

(e)

(f)

(g)

(h)

(i)

(j)

(k)

B Listen to the dialogues between a passenger and a flight attendant in an airplane. Find out the times of the following cities. 🔊 Disk1-18

Word you may not know: どういたしまして。(You are welcome.)

Example: とうきょう _____8:00 A.M._____

1. パリ (Paris)
   ば り _____

2. ソウル (Seoul)
   そ う る _____

3. ニューヨーク (New York)
   に ゅ う よ お く _____

4. ロンドン (London)
   ろ ん ど ん _____

5. タイペイ (Taipei)
   た い ぺ い _____

6. シドニー (Sydney)
   し ど に い _____

C Listen to the dialogues between Mr. Tanaka and a telephone operator. Find out the telephone numbers of the following people. 🔊 Disk1-19

Example: すずき _____51-6751_____

1. かわさき _____

2. リー (Lee)
   り い _____

3. ウッズ (Woods)
   う っ ず _____

4. トンプソン (Thompson)
   と ん ぷ そ ん _____

D Two international students, Lee and Taylor, are talking with a Japanese person. Listen to the dialogues and fill in the chart below. 🔊 Disk1-20

	1. Nationality	2. University	3. School Year	4. Major
Lee				
Taylor				

クラス _____   なまえ _____

第2課 1 Numbers
だいにか

Ⓘ Write the following numbers in Arabic numerals.

(1) よんひゃくななじゅう   470

(2) はっぴゃくごじゅうさん   853

(3) せんさんびゃく   1300

(4) いちまんななせん   17000

(5) さんぜんろっぴゃくじゅうに   3612

(6) ごせんひゃくきゅうじゅうはち   5198

(7) よんまんろくせんきゅうひゃく   46900

(8) きゅうまんにひゃくじゅう   90210

Ⓘ Write the following numbers in *hiragana*.

1. 541   五百四十一

2. 2,736   二千七百三十六

3. 8,900   八千九百

4. 12,345 一万二千三百四十五

Ⓘ Look at the pictures and complete the dialogues.

¥160

¥24,000

¥3,600

1. Q：この自転車はいくらですか。

   A：にまんよんせんえんです。

2. Q：かばんは いくらですか。

   A：~~~~~~~~~~ 三千六百円です。

3. Q：しんぶんは いくらですか。

   A：百六十円です。

クラス _____ なまえ _____

第2課 2 これ, それ, and あれ
だいにか

Ⅰ Mary and Takeshi are talking. Look at the picture and fill in これ, それ, or あれ.

メアリー：1. <u>これ</u>　　　　は たけしさんの かさですか。

たけし： いいえ、2. <u>それ</u>　　　　は みちこさんの かさです。3. <u>これ</u>

は メアリーさんの さいふですか。

メアリー：ええ、わたしの さいふです。たけしさん、4. <u>あれ</u>　　　　は たけし

さんの じてんしゃですか。

たけし： ええ、そうです。

メアリー：5. <u>あれ</u>　　　　は なんですか。

たけし： ゆうびんきょくです。

Ⅱ Translate the following sentences into Japanese.

1. This is my bag.

これは ぼくの かばんです。

2. (*Pointing at a thing near the listener*) That is Takeshi's book.

それは たけしさんの 本です。

3. (*Pointing at a building 50 meters away*) That is a library.

あれは 図書館 です。

4. (*Pointing at the dish in front of you*) Is this meat?

これは 肉ですか。

5. (*Pointing at a building 50 meters away*) What is that?

あれは何ですか。

第2課 3 この, その, and あの・だれの
だい に か

(I) Complete the following conversation between the attendant and the customer at a watch shop.

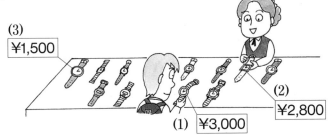

(3) ¥1,500

(2) ¥2,800

(1) ¥3,000

Attendant：いらっしゃいませ。

Customer (*pointing at watch #1*)：1. <u>この~~時~~時計は いくらですか。</u>
(How much is this watch?)

Attendant：そのとけいは さんぜんえんです。

Customer (*pointing at watch #2*)：2. <u>その時計は いくらですか。</u>
(How much is that watch?)

Attendant：3. <u>この時計は 二千八百円です。</u>

Customer (*pointing at watch #3*)：4. <u>あの時計は いくらですか。</u>
(How much is that watch?)

Attendant：5. <u>あの時計は 千五百円です。</u>

Customer (*deciding on #3*)：6. <u>じゃ、あの時計 ください。</u>
(Then, I'll take that watch.)

(II) Ask the right questions based on the underlined parts.

1. Q：<u>だれの 自転車ですか、それは。</u>

   A：それは <u>たけしさんの</u> じてんしゃです。

2. Q：<u>そのくつは だれの ですか。</u>

   A：(このくつは) <u>きょうこさんの</u> くつです。

第2課 4 Noun も
だいにか

▶ Translate the following sentences into Japanese. Use も after the underscored phrases.

1. Ms. Tanaka is Japanese. <u>Mr. Yoshida</u> is Japanese, too.

   田中さんは日本人です。よしださんも日本人です。

2. Ms. Tanaka is twenty years old. <u>Mr. Yoshida</u> is twenty years old, too.

   田中さんは二十歳です。よしださんも二十歳です。

3. This dictionary is 2,000 yen. <u>That dictionary</u> is 2,000 yen, too.

   このじしょは二千円です。そのじしょも。

4. This is my bicycle. <u>That</u> is my bicycle, too.

   これはぼくの自転車です。あれもぼくのです。

5. This is a Japanese book. <u>This</u> is a Japanese book, too.

   これは日本の本です。これも。

6. Takeshi's major is history. <u>My major</u> is history, too.

   たけしさんのせんもんはれきしです。ぼくのもれきしです。

7. Ms. Tanaka is a student at Nihon University. <u>Mr. Yoshida</u> is a student at Nihon University, too.

   田中さんは日本大学の学生です。よしださんも。

8. (A sentence of your own, describing two similar things/people.)

   あれはきみのせいです。これもきみのせいです。

第2課 5 Noun じゃありません
だい に か

▶ Answer the following questions in the negative. These are all personal ques-
tions. "○○" (read まるまる) stands for your name. You will want to replace it with
わたし in your answers.

1. すみません。たけしさんですか。

いいえ、たけしさんじゃありません。

2. ○○さんは かいしゃいん (office worker) ですか。

いいえ会社員じゃありません。

3. ○○さんは にほんじんですか。

いいえ、日本人じゃありません。

4. ○○さんの せんもんは れきしですか。

いいえ、れきもじゃありません

5. ○○さんは じゅうななさいですか。

いいえ、十七歳じゃありません。

6. これは ○○さんの じてんしゃですか。

いいえ、ぼくの自転車じゃありません。

7. それは ○○さんの かさですか。

いいえ、ぼくの かさじゃありません。

8. すみません。あれは きっさてんですか。

いいえ、きっさてんじゃありません。

第2課 だいにか 6 きくれんしゅう (Listening Comprehension)

(A) Listen to the dialogue at a kiosk and find out the prices of the following items. If you can't find out the price, indicate such with a question mark (?). Disk1-30

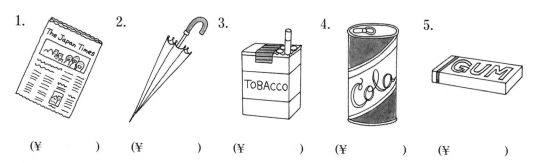

1.　　　　2.　　　　3.　　　　4.　　　　5.

(¥　　　)　(¥　　　)　(¥　　　)　(¥　　　)　(¥　　　)

(B) Mary introduces her friend to Takeshi. Listen to the dialogue and fill in the blanks. Disk1-31

Mary's friend's name is 1.＿＿＿＿＿＿＿＿. She comes from 2.＿＿＿＿＿＿＿＿.

She studies 3.＿＿＿＿＿＿＿ at the University of Paris.

Her mother is 4.＿＿＿＿＿＿＿. Her father is 5.＿＿＿＿＿＿＿.

(C) Mary and Takeshi went to a Japanese restaurant. They are looking at the menu a waitress brought. Listen to the dialogue and answer the following questions. Disk1-32

1. How much are these items?

　　a. すきやき (¥　　　)　b. うどん (¥　　　)　c. てんぷら (¥　　　)

2. What did Mary order? Why did she decide on it?

3. What did Takeshi order?

第3課 1 Verb Conjugation

▶ Memorize the thirteen verbs introduced in Lesson 3. Read the explanation about verb conjugation and complete the following tables.

Ru-verbs

	dictionary form	present affirmative	present negative
1. get up	起きる	起きます	起きません
2. see	見る	見ます	見ません
3. eat	食べる	食べます	食べません
4. sleep	ねる	ねます	ねません

U-verbs

	dictionary form	present affirmative	present negative
5. speak	言う	言います	言いません
6. listen	聞く	聞きます	聞きません
7. go	行く	行きます	行きません
8. read	読む	読みます	読みません
9. drink	飲む	飲みます	飲みません
10. return	帰る	帰ります	帰りません

Irregular Verbs

	dictionary form	present affirmative	present negative
11. come	来る	来ます	来ません
12. do	する	します	しません
13. study	勉強する	勉強します	勉強しません

クラス _____　　なまえ _____

第3課 2 Noun を verb

▶ Write a ます and ません sentence using two of the nouns in each group and a verb of your choice.

Example:

> Noun：さかな　にく　やさい

> affirmative　→　わたしは やさいを たべます。
> negative　　 →　わたしは にくを たべません。

1. Noun：おさけ　おちゃ　コーヒー

   affirmative　→　おさけを飲みます。

   negative　　 →　コーヒーを作りません。

2. Noun：にほんの えいが　アメリカの えいが　フランスの えいが

   affirmative　→　日本の映画を見ます。

   negative　　 →　アメリカの映画を買いません。

3. Noun：テニス　サッカー (soccer)　バスケットボール (basketball)

   affirmative　→　サッカーを見ます。

   negative　　 →　テニスをしません。

4. Noun：ほん　おんがくの ざっし　スポーツの ざっし

   affirmative　→　本を読みます。

   negative　　 →　音楽のざっしをもえません。

5. Noun：にほんの おんがく　ロック (rock)　にほんごの テープ

   affirmative　→　日本の音楽を聞きます。

   negative　　 →　日本語のテープを聞こえません。

第3課 3 Verbs with Places

Ⅰ Where do the following activities take place? Add the places and appropriate particles to the following sentences.

Example: <u>としょかんで</u> ほんを よみます。

1. <u>家で</u> べんきょうします。

2. <u>レストランで</u> テレビを みます。

3. <u>きっさてんで</u> コーヒーを のみます。

4. <u>仕事に</u> いきます。

5. <u>家に</u> かえります。

Ⅱ Translate the following sentences into Japanese.

1. Mr. Tanaka will go to school.

田中さんは 学校に 行きます。

2. My friend will come to Japan.

ぼくの 友だちは 日本に 来ます。

3. Ms. Suzuki listens to the tape in the L.L.

すずきさんば ＃ L.L. で テープを 聞きます。

4. I speak Japanese at home.

家で 日本語を 話します。

5. I don't eat lunch at home.

家で 昼ご飯を 食べません。

第3課 4 Time References

Ⅰ Time Expressions—Read Grammar 4 (pp. 61-62) on time references, and classify the words below into two groups. If the words are *always* used with に, write に after the words.

1. こんばん＿＿＿＿

2. しゅうまつ に

3. あさ に

4. いつ＿＿＿＿

5. きょう＿＿＿＿

6. いま＿＿＿＿

7. どようび に

8. あした＿＿＿＿

9. じゅういちじ に

10. まいにち＿＿＿＿

11. まいばん＿＿＿＿

Ⅱ Your Day—Describe what you do during on a typical day. Include the descriptions of activities listed below. Whenever possible, include place and time expressions. Refer to Grammar 6 (pp. 62-63) on the basic order of phrases.

おきる　　いく　　たべる　　べんきょうする　　かえる　　ねる

1. わたしは まいにち 六 じに 起き ＿＿＿＿＿＿＿＿＿＿＿ます。

2. 六時半に朝ご飯を食べます。

3. 七時に仕事を始めます。

4. 午後三時半に家に帰ります。

5. 十時にねます。

Ⅲ Translate the following sentences into Japanese.

1. I speak Japanese every day.

　毎日日本語を話します。

2. I will not watch TV tonight.

　こんばんテレビを見ません。

3. Mary does not come to school on Saturdays.

　メアリーさんは土曜日に学校に来ません。

第3課 5 Suggestion Using 〜ませんか

(I) Study Dialogue I (p. 54) and translate the following exchange.

メアリー： 1. <u>こんばん 映画を見ませんか。</u>
      (Would you like to see a movie tonight?)

たけし： 2. <u>こんばんはちょっと…</u>
      (Tonight is not a very good time . . .)

メアリー： 3. <u>あしたはどうですか。</u>
      (How about tomorrow?)

たけし： 4. <u>いいです。</u>
      (Sounds great.)

(II) Imagine you ask someone out. Write the dialogue between you and your friend.

You： 1. <u>コーヒーを飲みに行きませんか。</u>

Friend： 2. <u>どこがいいですか。</u>

You： 3. <u>「ブレンズ」という きっさてんはいいんですが…</u>

Friend： 4. <u>じゃ、行きましょうか。</u>

第3課 6 Frequency Adverbs

▶ Translate the following sentences into Japanese.

1. I often go to the library.

わたしは <u>よく</u>　　としょかん <u>に</u>　行きます。　　　　　。

2. Sue often comes to my house.

スーさん はよく ぼくの家に来ます。

3. I usually get up at six.

ぼく は たいてい 六時に起きます。

4. Professor Yamashita usually goes to sleep at eleven.

山下先生は たいてい 十一時にねます。

5. I sometimes read Japanese newspapers.

ぼく は 日本語の新文をときどき読みます。

6. Takeshi sometimes drinks coffee at that coffee shop.

たけしさんはときどき あのきっさてんでコーヒーを飲みます。

7. Mary does not eat much.

メアリーさんはあまり食べません。

第3課 7 聞く練習 (Listening Comprehension)
き　れんしゅう

A Listen to the dialogue between Sue and Mary. Where will they be? What will they do? 🔊 Disk2-9

	1. Saturday	2. Sunday
Mary	_____ in _____	_____ in _____
Sue	_____ in/at _____	_____ in/at _____

B Listen to the dialogue at an evening meeting at a summer camp. The group leader and the students are discussing the schedule for the next day. Complete the schedule below. 🔊 Disk2-10

1. (   ) 6:00 A.M.
2. (   ) 7:30
3. (   ) 9:00
4. (   ) 12:30 P.M.
5. (   ) 1:30
6. (   ) 3:00
7. (   ) 6:00
8. (   ) 7:30
9. (   ) 11:30

a. breakfast   b. dinner   c. get up   d. go to bed   e. lunch
f. play basketball g. play tennis   h. study   i. watch a movie

Ⓒ Listen to the conversation between Sue and her friend. How often does she do the following things? (a = every day, b = often, c = sometimes, d = not often, e = not at all) 🔊 Disk2-11

1. (　　　) study Japanese
2. (　　　) go to the library
3. (　　　) listen to a Japanese tape
4. (　　　) watch American movies
5. (　　　) watch Japanese movies
6. (　　　) play tennis
7. (　　　) drink coffee

Ⓓ Listen to the dialogue between Mary and a Japanese friend of hers and answer the questions below. 🔊 Disk2-12

1. What time is it?　　(　　)
    a. Eight　　b. Nine　　c. Ten　　d. Eleven

2. What did the man suggest first?　　(　　)
    a. Coffee at a coffee shop　　b. Beer at a bar　　c. Coffee at his place　　d. Lunch

3. How did the woman turn down his suggestion? (Mark ○ for all that apply.)
    a. (　　　) By saying that she needs to go back home
    b. (　　　) By saying that it is too late
    c. (　　　) By saying that she needs to study
    d. (　　　) By saying that she needs to go to sleep early

4. What other suggestions did the man make? (Mark ○ for all that apply.)
    a. (　　　) Listening to Japanese language tapes together
    b. (　　　) Practicing Japanese at a coffee shop
    c. (　　　) Having lunch together the next day
    d. (　　　) Walking her home

第4課 1 Xがあります/います

Ⓘ Translate the following sentences into Japanese.

1. There is a bus stop over there.

あそこにバースていがあります。

2. There will be no class on Thursday.

木曜日に授業がありません。

3. I do not have a dictionary. (lit., There is not a dictionary.)

じしょがありません。

4. There's Professor Yamashita over there!

あそこに山下先生がいますよ。

5. I have a child. (lit., There is a child.)

ぼくは子供がいます。

Ⅱ Answer the following questions in Japanese.

1. あした、アルバイトがありますか。

いいえ、アルバイトがありません。

2. いつ日本語のクラスがありますか。
   にほんご

毎日クラスがあります。

3. 日本に友だちがいますか。
   にほん とも

いいえ、友だちがいません。

4. 兄弟 (brothers and sisters) がいますか。
   きょうだい

はい。妹二人と弟二人がいます。

/おねえさん: older sister
 いもうと: younger sister
 おにいさん: older brother
 おとうと: younger brother\

クラス _____ なまえ _____

第4課 2 Describing Where Things Are

(I) Draw a picture showing the items mentioned in the passage below, each in correct geometrical relation to the others.

辞書はつくえの上です。時計もつくえの上です。ぼうしは辞書と時計の間です。かばんはつくえの下です。つくえはテレビのそばです。

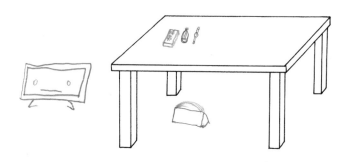

(II) Look at the pictures and answer the following questions.

1. 日本語の本はどこですか。
   新文の下です。

2. メアリーさんのかさはどこですか。
   つくえの上です。

3. スーさんの辞書はどこですか。
   かばんの中です。

4. 図書館はどこですか。
   ゆうびんきょくの後です。

5. 銀行はどこですか。
   ゆうびんきょくのとなりです。

(1) Japanese book

(2) Mary's umbrella

(3) Sue's dictionary

(4)(5)

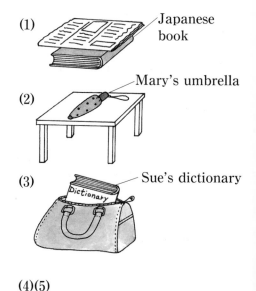

第4課 3 Past Tense (Nouns)

Ⅰ Answer the following questions.

1. きのうは月曜日（げつようび）でしたか。

    いいえ、金曜日でした。

2. きのうは十五日（じゅうごにち）でしたか。

    いいえ、二十五日でした。

3. 今日（きょう）の朝（あさ）ごはんはハンバーガーでしたか。

    いいえ、コーヒーでした。

4. 子供（こども）の時（とき）、いい子供（こども）でしたか。

    はい、いい子供でした。

5. 高校（こうこう）の時（とき）、いい学生（がくせい）でしたか。

    はい、いい学生でした。

Ⅱ Translate the following sentences into Japanese.

1. My bicycle was 30,000 yen.

    ぼくの自転車は三万円でした。

2. Yesterday was Sunday.

    きのうは日曜日でした。

3. Professor Yamada was not a Nihon University student.

    山田先生は日本大学の学生じゃありませんでした。

クラス _____ なまえ _____

第4課 4 Verb Conjugation (Past Tense)

▶ Fill in the conjugation table below. If you are unclear about the *u*-verb/*ru*-verb distinction, read Grammar 1 in Lesson 3 (pp. 58-59) once again. If you are unclear about the past tense conjugation, refer to the table on p. 79.

U-verbs

	dictionary form	past affirmative	past negative
1. drink	飲む	飲みました	飲みませんでした
2. speak	話す	話しました	話しませんでした
3. listen	聞く	聞きました	聞きませんでした
4. buy	買う	買いました	買いませんでした
5. take	とる	とりました	とりませんでした
6. write	書く	書きました	書きませんでした
7. wait	待つ	待ちました	待ちませんでした
8. there is	ある	ありました	ありませんでした

Ru-verbs and Irregular Verbs

	dictionary form	past affirmative	past negative
9. eat	食べる	食べました	食べませんでした
10. get up	起きる	起きました	起きませんでした
11. do	する	しました	しませんでした
12. come	来る	来ました	来ませんでした

第4課 5 Past Tense (Verbs)

Ⓘ Read what Takeshi did last weekend and answer the following questions in Japanese.

> Takeshi listened to music at home on Friday.
>
> He worked part-time at a supermarket on Saturday.
>
> He saw a movie with Mary in Kyoto on Sunday.

1. たけしさんは金曜日に手紙を書きましたか。
   いいえ、家で意楽を聞きました。

2. たけしさんは土曜日にどこでアルバイトをしましたか。
   スーパーでバイトをしました。

3. たけしさんはいつ音楽を聞きましたか。
   金曜日に聞きました。

4. たけしさんは日曜日に何をしましたか。(Fill in the blanks.)

   たけしさんは 日曜日 に きょうと で

   メアリーさん と 映画 を 見ました 。

5. あなたは、週末、何をしましたか。
   日本語を勉強しました。

Ⅱ Translate the following sentences into Japanese.

1. Sue did not take pictures at all.
   スーさんはぜんぜん写真をとりませんでした。

2. I often ate hamburgers when I was a child.
   子供の時、よくハンバーガーを食べました。

3. Takeshi did not study much when he was in high school.
   たけしさんは、高校の時、あまり勉強しませんでした。

クラス _____ なまえ _____

第4課 6 も

▶Translate the sentences into Japanese. Note that the particle も replaces は, が, and を, but goes side by side with other particles.

1. Mary went to Osaka last week. Takeshi went to Osaka last week, too.

   メアリーさんは先週おおさかに行きました。たけしさんもおおさかに行きました。

2. There is a Japanese class on Monday. There is a history class on Monday, too.

   月曜日に日本語の授業がおります。　れきしの授業もおります。

3. There is a bookstore over there. There is a restaurant, too.

   あそこ本屋がおります。レストランもおります。

4. I bought a dictionary. I bought a magazine, too.

   じしょを買いりました。ざっしも買いりました。

5. I drink tea. I drink coffee, too.

   お茶を飲みます。コーヒーも飲みます。

6. Mary will go to Korea (韓国). She will go to China (中国), too.

   メアリーさんはかんこくに行きます。中国も行きます。

7. Michiko ate hamburgers on Friday. She ate hamburgers on Saturday, too.

   みちこさんは金曜日にハンバーガを食べました。
   土曜日にも食べました。

8. Sue bought souvenirs at a temple. She bought souvenirs at a department store, too.

   スーさんはお寺でおみやけを買いました。デパートでも買いました。

9. I took pictures at school yesterday. I took pictures at home, too.

   きのう、学校で写真をとりました。家でもとりました。

第4課 7 Word Order and Particles

Ⅰ Translate the following sentences into Japanese.

1. Mary studied Japanese for two hours yesterday.
         (3)   (2)   (1)

メアリーさんは <u>きのう</u> <u>二時間も</u> <u>日本語を勉強しました。</u> 。
         (1)   (2)   (3)

2. Takeshi waited for Mary for one hour in front of the department store.
         (3)   (2)   (1)

たけしさんは <u>デパートの前に</u> <u>一時間も</u> <u>待ちました</u> 。
         (1)   (2)   (3)

3. Sue listens to the tape at the Language Lab for about one hour every day.
         (4)   (3)   (2)   (1)

スーさんは <u>毎日</u> <u>一時間ぐらい</u> <u>L.L.で</u>
         (1)   (2)   (3)

<u>テープを聞きます</u> 。
         (4)

Ⅱ Fill in the particles that are missing. You may want to refer to the Vocabulary section (pp. 74-75), where the particle that goes with each of the new verbs is shown in parentheses.

1. 私はあした友だち <u>に</u> 会います。

2. メアリーさんは京都のお寺で写真 <u>を</u> 撮りました。

3. 私は喫茶店でロバートさん <u>を</u> 待ちました。

4. スーパーで肉 <u>を</u> 買いました。

5. 私はフランス語 <u>が</u> わかりません。

6. 私はきのう手紙 <u>を</u> 書きませんでした。

第4課 8 聞く練習 (Listening Comprehension)
き　　れんしゅう

(A) Mary is talking with her homestay father. Listen to the dialogue and answer the questions in English. 🔊 Disk2-24

1. What did the host father do today? ＿＿＿＿＿＿＿＿＿＿＿＿＿＿＿＿＿＿＿＿＿

2. What did the host mother do? ＿＿＿＿＿＿＿＿＿＿＿＿＿＿＿＿＿＿＿＿＿

3. What are Mary and the host father going to do tomorrow? ＿＿＿＿＿＿＿＿＿＿

(B) Mary is showing a picture that she took at a party. Identify the following people.

🔊 Disk2-25

1. (　　　) Ken
2. (　　　) Rika
3. (　　　) Mike
4. (　　　) Takeshi
5. (　　　) Mother
6. (　　　) Father

(C) Listen to the dialogue in the classroom and answer the following questions.

🔊 Disk2-26

Word you may not know: カラオケ (karaoke)

1. What is the date today? ＿＿＿＿＿＿＿＿＿＿＿＿＿＿＿＿＿＿＿＿＿

2. What day is today? ＿＿＿＿＿＿＿＿＿＿＿＿＿＿＿＿＿＿＿＿＿

3. Who did these things? Mark ○ for the things they did.

	a. studied	b. danced	c. went to Tokyo	d. wrote a letter	e. went to karaoke	f. did shopping
Sue						
Mary						
Robert						

4. Robert will be in trouble. Why? ＿＿＿＿＿＿＿＿＿＿＿＿＿＿＿＿＿＿＿＿＿

第5課 1 Adjectives (Present Tense)

(I) For each of the adjectives below, write the meaning and determine whether it is an い- or a な-adjective. (You may want to refer to the Vocabulary section [pp. 98-99].) Then, turn it into the negative, paying attention to the difference between the two types of adjectives.

	meaning	adjective type	negative
Ex. いそがしいです	busy	ⓘ / な	いそがしくありません
1. きらいです	disliked	い / ⓝ	きらいじゃないです
2. あたらしいです	new	ⓘ / な	新しくないです
3. やさしいです	kind	ⓘ / な	やさしくない
4. しずかです	quiet	い / ⓝ	しずかじゃない
5. ハンサムです	handsome	い / ⓝ	ハンサムじゃない
6. つまらないです	boring	ⓘ / な	つまらなくない
7. こわいです	scary	ⓘ / な	こわくない

(II) Translate the following sentences into Japanese.

1. This watch is expensive.

この時計が高いです。

2. This coffee is not delicious.

このコーヒーはおいしくないです。

3. Professor Yamashita is energetic.

山下先生は元気です。

4. Books are not cheap.

本は安くないです。

5. I will not be free tomorrow.

あしたひまじゃないです。

第5課 2 Adjective Conjugation—1

▶ Fill in the conjugation table below.

い-adjectives

	1. large	2. expensive
dictionary form	大きい	高い
present affirmative	大きい	高い
present negative	大きくない	高くない
past affirmative	大きかった	高かった
past negative	大きくなかった	高くなかった

	3. frightening	4. interesting
dictionary form	こわい	おもしろい
present affirmative	こわい	おもしろい
present negative	こわくない	おもしろくない
past affirmative	こわかった	おもしろかった
past negative	こわくなかった	おもしろくなかった

	5. old	6. good
dictionary form	古い	いい
present affirmative	古い	いい
present negative	古くない	よくない
past affirmative	古かった	よかった
past negative	古くなかった	よくなかった

第5課 3 Adjective Conjugation—2

▶ Fill in the conjugation table below.

な-adjectives

	1. quiet	2. beautiful
dictionary form	しずか	きれい
present affirmative	しずかです	きれいです
present negative	しずかじゃないです	きれいじゃないです
past affirmative	しずか~~でした~~でした	きれいでした
past negative	しずかじゃなかった	きれいじゃなかった

	3. healthy	4. fond
dictionary form	元気	好き
present affirmative	元気です	好きです
present negative	元気じゃない	好きじゃない
past affirmative	元気でした	好きでした
past negative	元気じゃなかった	好きじゃなかった

	5. disgusted	6. lively
dictionary form	気持ち悪い	にぎやか
present affirmative	気持ち悪い	にぎやかです
present negative	気持ち悪くない	にぎやかじゃない
past affirmative	気持ち悪かった	にぎやかでした
past negative	気持ち悪くなかった	にぎやかじゃなかった

第5課 4 Adjectives (Past Tense)

(I) Answer the questions.

1. 先週はひまでしたか。
   ええ、ひまでした。

2. テストは難しかったですか。
   いいえ、むずかしくなかったです。

3. きのうは暑かったですか。
   はい、あつかったです。

4. 週末は楽しかったですか。
   うん、楽しかったです。

5. きのうの晩ごはんはおいしかったですか。
   うん、おいしかったです。

(II) Translate the following sentences into Japanese.

1. I was busy yesterday.
   きのういそがしかったです。

2. The homework was difficult.
   宿題はむずかしかったです。

3. My room was not clean.
   ばくの部屋はきれいじゃありませんでした。

4. The weather was good.
   天気はよかったです。

5. The trip was not fun.
   旅行は楽しくなかったです。

6. The tickets were not expensive.
   きっぷは高くなかったです。

第5課 5 Adjective ＋ Noun

(I) Look at the pictures and answer the questions.

Ex.   1.   2.   3.   4.

small   old   quiet   scary   beautiful

Example: どんな部屋ですか。   →   小さい部屋です。
　　　　　　　　　　　　　　　　　　ちい　　へや

1. どんな自転車ですか。
　　　じてんしゃ
　　→ 古い自転車です。

2. どんな町ですか。
　　　まち
　　→ しずかな町です。

3. どんな人ですか。
　　　ひと
　　→ こわい人です。

4. どんな家ですか。
　　　いえ
　　→ きれいな家です。

(II) Translate the following sentences.

1. I met a kind person.
　やさしい人に会った。

2. I bought an inexpensive ticket.
　安いきっぷを買いました。

3. I read an interesting book last week.
　先週、おもしろい本を読みました。

クラス ＿＿＿＿＿＿＿＿＿　なまえ ＿＿＿＿＿＿＿＿＿＿＿＿＿＿

第5課 6 好き(な)/きらい(な)
す

▶ Write down the sentences telling if you like / dislike the things below. Use
好き(な) for "like" and きらい(な) for "don't like." Use 大〜 for emphasis.
す　　　　　　　　　　　　　　　　　　　　　　　　　　　　　　だい

Example:　homework　→　私は宿題が大好きです。
　　　　　　　　　　　　　わたし　しゅくだい　だい す

1. Japanese class

　→ 日本語の授業が好きです。

2. this town

　→ この町が好きでもきらいでもありません。

3. Mondays

　→ 月曜日がきらいじゃありません。

4. ocean

　→ 海がきらいじゃありません。

5. cats

　→ ねこが大好きです。

6. cold mornings

　→ さむい朝がきらいです。

7. fish

　→ 魚が大好きです。

8. frightening movies

　→ こわい映画がきらいです。

9. (your own sentences)

　にせ物がきらいです。

第5課 7 〜ましょう

(I) You and your friend will spend one day together. Complete the underlined parts with ましょう.

友だち：どこに行きますか。

私：　1.きっさてんに行きましょう。

友だち：いいですね。そこで何をしますか。

私：　2.コーヒーを飲みながら、話しましょう。　　。それから、

　　　3.家に帰りましょう。

友だち：何時に会いますか。

私：　4.十時に会いましょう。

(II) Translate the following sentences into Japanese.

1. Let's take pictures here.

ここに写真をとりましょう。

2. Let's watch this movie tonight.

こんばん、この映画を見ましょう。

3. Let's wait in the coffee shop.

きっさてんで待ちましょう。

4. This kanji is difficult. Let's ask our teacher.

この漢字はむずかしいです。先生を聞きましょう。

5. Let's do the homework together.

いっしょに宿題をしましょう。

第5課 8 聞く練習 (Listening Comprehension)
き　　れんしゅう

A Listen to the dialogue between a real estate agent and his customer and choose the appropriate answers. 🔊 Disk3-11   Word you may not know: 一か月(one month)
いっ　げつ

1. The house is [new / old].

2. The house is [clean / not clean].

3. The house is [quiet / not quiet].

4. The rooms are [big / not big].

5. There are [many / not many] rooms.

6. The rent is [90,400 / 94,000] yen a month.

B Listen to the TV game show "Who's My Date?" Three men want to invite Ms. Suzuki on a date. 🔊 Disk3-12

Word you may not know: おめでとうございます。(Congratulations.)

1. Fill in the blanks in English.

	Favorite type	What he does on holidays
a. 吉田 よしだ	_____	_____
b. 川口 かわぐち	_____	_____
c. 中山 なかやま	_____	_____

2. Who did Ms. Suzuki choose?   _____

C Listen to the interview with Mary and Takeshi and fill in the chart with the following letters: a = likes, b = doesn't like very much, c = hates. 🔊 Disk3-13

	1. Rock	2. Jazz	3. Classical music	4. Suspense movies	5. Horror movies
Mary					——
Takeshi					

第6課 1 Te-form ―1

▶ Review Grammar 1 (pp. 118-119) and conjugate the verbs below into their respective *te*-forms. The numbers indicate the lesson in which the verbs first appeared.

Ru-verbs

1. おきる (3) → おきて
2. たべる (3) → たべて
3. ねる (3) → ねて
4. みる (3) → みて
5. いる (4) → いて
6. でかける (5) → でかけて

U-verbs ending with う

7. あう (4) → あって
8. かう (4) → かって

U-verbs ending with く

9. きく (3) → きいて
10. かく (4) → かいて

U-verbs ending with く (irregular)

11. いく (3) → いって

U-verbs ending with ぐ

12. およぐ (5) → およいで

U-verbs ending with す

13. はなす (3) → はなし

U-verbs ending with つ

14. まつ (4) → まって

U-verbs ending with む

15. のむ (3) → のんで
16. よむ (3) → よんで

U-verbs ending with る

17. かえる (3) → かえって
18. ある (4) → あって
19. とる (4) → とって
20. わかる (4) → わかって
21. のる (5) → のって
22. やる (5) → やって

Irregular Verbs

23. くる (3) → きて
24. する (3) → して
25. べんきょうする (3) → べんきょうして

第6課 2 〜てください

（I）Write what each person says using 〜てください.

1.

take a picture　とる

2.

teach this kanji

3.

carry this bag

4.

listen to this tape

5.

sit down

6.

bring a book

1. 私たちの写真をとってください。

2. この漢字を教えてください。

3. このかばんを持ってください。

4. このテープを聞いてください。

5. すわってください。

6. 本を持って来てください。

（II）Write three request sentences using 〜てください. Indicate in parentheses who you are going to ask to do those things.

1. （　きみは　　　）小さい声を使ってください。

2. （　先生は　　　）きょうかしょを貸してください。

3. （　ばかは　　　）しずかにしてください。

第6課 3 Te-form —2

▶ Review the Vocabulary section (pp. 116-117) and the Grammar (pp. 118-119) and fill in the following table.

Ru-verbs

	long form (〜ます)	*te*-form	meaning
1. あける	あけます	あけて	open
2. おしえる	おしえます	おしえて	teach
3. おりる	おります	おりて	to get off
4. かりる	かります	かりて	borrow
5. しめる	しめます	しめて	close
6. つける	つけます	つけて	turn on
7. でんわをかける	でんわをかけます	でんわをかけて	make phone call
8. わすれる	わすれます	わすれて	forget

U-verbs

	long form (〜ます)	*te*-form	meaning
9. たばこをすう	たばこをすいます	たばこをすって	smoke
10. つかう	つかいます	使って	use
11. てつだう	てつだます	てつだって	help

| 12. いそぐ | いそぎます | いそいで | hurry |

	long form (〜ます)	*te*-form	meaning
13. かえす	かえします	かえして	return (sth)
14. けす	けします	けして	turn off/erase

	long form (〜ます)	*te*-form	meaning
15. たつ	立ちます	立って	stand
16. もつ	持ちます	持って	hold/have

	long form (〜ます)	*te*-form	meaning
17. しぬ	死にます	死んで	die

	long form (〜ます)	*te*-form	meaning
18. あそぶ	あそびます	あそんで	play

	long form (〜ます)	*te*-form	meaning
19. やすむ	休みます	休んで	relax

	long form (〜ます)	*te*-form	meaning
20. すわる	すわります	すわって	sit
21. はいる	入ります	入って	enter

Irregular Verbs

	long form (〜ます)	*te*-form	meaning
22. つれてくる	連れて来ます	連れて来て	bring (person)
23. もってくる	持って来ます	持って来て	bring (thing)

第6課 4 〜てもいいです／〜てはいけません

Ⅰ Look at the signs and make sentences using 〜てはいけません.

1.
No Smoking

2.
Do Not Enter

3.
No Photographs

4.
No Food

1. たばこ を すって は いけません。

2. はいて は いけません。

3. 写真 を とって は いけません。

4. 食べ物 を 持って 行って は いけません。

Ⅱ Translate the following sentences into Japanese.

1. May I go out tonight?
   こんばん は でかけて も いいですか。

2. May I turn off the TV?
   TV は しめて も いいですか。

3. You must not watch this movie alone. You are 16 years old!
   この映画 を 一人で 見て は いけません。十六歳 だから。

4. You must not forget the homework.
   わすれて も いいですか。

5. I am allowed to work part-time (lit., "do" a part-time job) in Japan.
   ぼく は 日本で アルバイト を して も いいです。

Ⅲ Describe two things that you are allowed to do/prohibited from doing at the place you now live.

1. 犬 を けって は いけません。

2. 週末 ～ おそくねて も いいです。

第6課 5 Describing Two Activities

Ⅰ The pictures below describe what Takeshi did yesterday. Make sentences using *te*-forms.

1.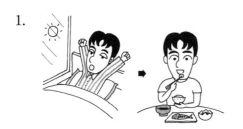

2.

3.

4.

1. あさ、おきて、あさごはんを 食べました。Past tense

2. まとを しめて、出かけました。

3. 川に 行って、およぎ ました。 *swim*

4. でん気を けして、ね ました。

Ⅱ Translate the following sentences.

1. I will go to the library and return the book tomorrow.
   あした、としょがんを行って、ほんを かえしてます。

2. Mary and Takeshi met and talked for about an hour.
   メアリーさんとたけしさんは 会って、一時間に話しました。

3. My friend went to China and did not return.
   ともだちに 中国を 行って、

第7課 1 Te-form

▶ Decide whether they are *u*-, *ru*-, or irregular verbs and fill in the table below.

	u/*ru*/irregular	long form	*te*-form
Ex. ある	*u*	あります	あって
1. わかる	u	わかります	わかって
2. やる	u	やります	やって
3. けす	u	けします	けして
4. たつ	u	立ちます	立って
5. おきる	ru	起きます	起きて
6. かえる	u	帰ります	帰って
7. くる	irr.	来ます	来て
8. する	irr.	します	して
9. あそぶ	u	あそびます	あそんで
10. かける	ru	かけます	かけて
11. きる	ru	着ます	着て
12. かぶる	u	かぶります	かぶって
13. つとめる	ru	つとめます	つとめて
14. はく	u	はきます	はいて
15. うたう	u	歌います	歌って
16. すむ	u	住みます	住んで
17. けっこんする	irr.	結婚します	結婚して

第7課 2 ～ている (Actions in Progress)

Ⓘ Describe the following pictures, using ～ています.

1. 　2. 　3. 　4. 　5.

1. 電話を聞いています。

2. ^の飲んでいます。

3. ^た食べています。

4.

5. ^{はな}話しています。 (talking to each other : 2 mouths).

Ⓘ Answer the following questions in Japanese.

1. 今、何をしていますか。 What r u doing right now.
   _{いま} _{なに}

   私わべんきょうします。

2. きのうの午後八時ごろ何をしていましたか。 What r u doing 8 pm yesterday.
   _{ご ご はち じ} _{なに}

   シューワを注いでいました。

Ⓘ Translate the following sentences.

1. Mary is waiting for a bus at the bus stop.

   メーリーさんわ バスていにバスをまっています。

2. At two o'clock yesterday, Takeshi was playing tennis with a friend.

   きのう、二時に たけしさんは ともだちとテニスを していました。

3. I called home. My big sister was doing her homework.

   私わうち家 家に電話した。お姉さんは宿題をしていました

第7課 3 ～ている (Result of a Change)

Ⓘ This is Michiko's family. Answer the following questions in Japanese.

Father	51 years old	works for a bank	lives in Nagano
Mother	47 years old	works for a hospital	lives in Nagano
Older sister	23 years old	college student; married	lives in Tokyo
Younger brother	16 years old	student	lives in Nagano

1. お父さんは何をしていますか。

　　お父さんは銀行につとめています。

2. お母さんは何をしていますか。

　　お母さんは病院につとめています。

3. お姉さんは勤めていますか。

　　いいえ、お姉さんは大学生です。

4. お姉さんは結婚していますか。

　　はい、お姉さんは結婚しています。

5. お姉さんは長野に住んでいますか。

　　いいえ、東京に住んでいます。

6. 弟さんはどこに住んでいますか。

　　長野に住んでいます。

7. お父さんは何歳ですか。

　　五十一歳です。

Ⅱ Write about your family. Try to use expressions you have learned in this lesson.

ぼくの父は医者です。自分につとめています。父と母はカムループスに住んでいます。姉は二十二歳です。バンクーバにマサージを勉強しています。ほかの姉について、かまいません。弟が二人あります。大まいのはバンクーバにも住んでいますが、何をするか知りません。小さいの弟は父と住んでいます。

第7課 4 Describing People

(I) Translate the following sentences.

1. Yasuo wears glasses.

やすおさんは めがねを かけています。

2. Noriko is wearing a new T-shirt today.

今日、のりこさんは 新しい T-シャツを 着ています。

3. Noriko is skinny, but Yasuo is overweight.

のりこさんは やせていますが、やすおさんは ふとっています。

4. Michiko has short hair.

みちこさんは かみが みじかいです。

5. Michiko is not tall.

みちこさんは 高くないです。

6. Michiko is very bright.

みちこさんは ずいぶん あたまが いいです。

(II) You are an eyewitness testifying in court. Describe the person you saw at the scene of the crime.

1. Height:
ひくいでました。

2. Hair:
かみが 長いです。

3. Glasses:
めがねを かけませんでした。

4. Eyes:
目が 小さくて、青いです。

5. Clothes (above the waistline):
赤い T-シャツを 着ていました。

6. Clothes (below the waistline):
茶色な ずぼんを はいていました。

7. Shoes:
くつを はいていませんでした。

8. What he was doing at the time:
よく ころんでいました。

第7課 5 *Te*-forms for Joining Sentences

Ⅰ Look at the following pictures and complete the sentences.

1.
inexpensive/delicious

2.
quiet/boring

3.
very small/cute

4.
clean/very large

5.
old/interesting

6.
long hair/large eyes

1. あのレストランの食べ物は 安くておいしいです。＿＿＿＿＿＿＿＿＿＿＿＿＿＿。

2. 私の町は しずかでひまです。＿＿＿＿＿＿＿＿＿＿＿＿＿＿＿＿＿＿＿。

3. 私の猫は とても小さくてかわいいです。＿＿＿＿＿＿＿＿＿＿＿＿＿。

4. 私の部屋は きれいでとても大きいです。＿＿＿＿＿＿＿＿＿＿＿＿＿。

5. このお寺は ~~きれ~~古くておもしろいです。＿＿＿＿＿＿＿＿＿＿＿。

6. ようこさんは かみが長くて、目が大きいです。＿＿＿＿＿＿＿＿＿。

Ⅱ Describe the following items, using two or more adjectives.

1. 日本は 小さくておもしろいです。＿＿＿＿＿＿＿＿＿＿＿＿＿＿＿＿＿。

2. 私は しずかで、目が青くて、かみが長くて赤いです。＿＿＿＿＿＿。

3. 私の町は 小さくてひまです。＿＿＿＿＿＿＿＿＿＿＿＿＿＿＿＿＿。

4. 私の友だちは ひくくておもしろいです。＿＿＿＿＿＿＿＿＿＿＿＿。

クラス _____　なまえ _____

第7課 6 Verb stem ＋ に 行く/来る/帰る

Ⅰ Rewrite the sentences below, using the verb stem ＋ に行く/来る/帰る pattern.

Example: 図書館に行って、本を借ります。　→　図書館に本を借りに行きます。

1. 大阪に行って、友だちに会います。

   → 大阪に友だちに会いに行きます

2. 家に帰って、晩ごはんを食べます。

   → 家にばんごはんを食べに帰ります。

3. きのう、町に行って、雑誌を買いました。

   → きのう町にざっしを買いに行きました。

4. 私は 週末京都に行って、写真を撮りました。

   → 私は週末きょうとに写真をとりに行きました

5. ロバートさんは よく私のアパートに来て、テレビを見ます。

   → ロバートさんはよく私のアパートにテレビを見に来ます。

Ⅱ Make your own sentences, using a place from the list below.

(Ex.) 大学	日本	食堂	喫茶店	友だちのうち	図書館	お寺	海
だいがく	にほん	しょくどう	きっさてん	とも	としょかん	てら	うみ

Example: 大学 → 大学に友だちに会いに行きます。

1. ~~大学~~ 日本に、日本語を習いに行きます。

2. きっさてんにコーヒーを飲みに行きます。

3. お寺に休みに行きます。

4. 友だちの家に話しに行きます。

第8課 1 Short Forms (Present Tense)

▶ Fill in the conjugation table below. Note that *ru*-verbs, *u*-verbs, and irregular verbs appear randomly on this sheet.

	dictionary form	short, negative	long, affirmative	*te*-form
Ex. eat	たべる	たべない	たべます	たべて
1. open	開ける	開けない	開けます	開けて
2. buy	買う	買わない	買います	買って
3. sit down	すわる	すわらない	すわります	すわって
4. come	来る	来ない	来ます	来て
5. die	死ぬ	死なない	死にます	死んで
6. turn off	けす	けさない	けします	けして
7. study	勉強する	勉強しない	勉強します	勉強して
8. write	書く	書かない	書きます	書いて
9. there is	ある	ない	あります	あって
10. drink	飲む	飲まない	飲みます	飲んで
11. understand	わかる	わからない	わかります	わかって
12. wait	待つ	待たない	待ちます	待って
13. play	あそぶ	あそばない	あそびます	あそんで
14. hurry	急ぐ	急がない	急ぎます	急いで

第8課 2 Short Forms (Informal Speech)

(I) Make informal question sentences using the cues and answer them in the negative.

Example: (Do you) study today? → Q：今日、勉強する？　A：ううん、しない。

1. (Do you) often ride a bus?

　→　Q：よくバスを乗る？　　　　A：ううん、乗らない。

2. (Do you) speak Japanese every day?

　→　Q：毎日日本語話す？　　　　A：うん、話す。

3. (Do you) have homework today?

　→　Q：今日宿題を持つ？　　　　A：ううん、持たない。

4. (Will you) go out this weekend?

　→　Q：週末、出かける？　　　　A：ううん、出かけない。

5. Are you free tomorrow?

　→　Q：あしたひまだ？　　　　A：うん、ひまだ。

6. Are you Japanese?

　→　Q：日本人だ？　　　　A：ううん、日本人じゃない。

7. Is it hot?

　→　Q：あつい？　　　　A：うん、あつい。

(II) Answer the following questions in informal speech.

1. 今日は何曜日？

　金曜日。

2. どんな食べ物がきらい？

　別に何もない。

3. 今週の週末、何をする？

　別に何もしない。

第8課 3 Quotations (〜と思います)
おも

Ⅰ Translate the following sentences. In sentences 5-8, "I don't think . . ." should be translated as 〜ないと思います.
おも

1. I think food is expensive in Japan.

日本で食べ物は高いと思います。

2. I think Professor Yamashita is handsome.

山下先生はハンサムと思います。

3. I think this woman is Mary's Japanese teacher.

この女はメアリーさんの日本語の先生と思います。

4. I think Professor Yamashita reads many books.

山下先生はたくさん本を読むと思います。

5. I don't think this town is interesting. (lit., I think this town is not interesting.)

この町はおもしろくなと思います。

6. I don't think Saeko drinks sake.

さえこさんはおさけを飲まないと思います。

7. I don't think Chieko likes Mayumi.

ちえこさんはまゆみさんがすきじゃないと思います。

8. I don't think Noriko will come to school today.

のりこさんは学校に来ないと思います。

Ⅱ Answer the following questions, using 〜と思います.
おも

1. あしたはどんな天気ですか。
てんき

はれと思います。

2. 来週は忙しいですか。
らいしゅう　いそがし

いそがしいと思います。

3. あなたの日本語の先生は、料理が上手ですか。
にほんご　せんせい　りょうり　じょうず

料理が上手と思います。

4. あなたの日本語の先生は、今週の週末、何をしますか。
にほんご　せんせい　こんしゅう　しゅうまつ　なに

休むと思います。

クラス ＿＿＿＿＿＿＿　なまえ ＿＿＿＿＿＿＿＿＿＿＿＿＿

第**8**課 4 Quotations (〜と言っていました)

▶ Ask someone (preferably Japanese) the following questions. Report the answers using 〜と言っていました.

Example:　大学生ですか。　→　田中さんは大学生だと言っていました。

1. 毎日、楽しいですか。

　　→ ~~みちみち~~ みちこさんは毎日楽と言っていました。

2. どんな料理が好きですか。

　　→ ベサニさんは日本料理が好きと言っていました。

3. お酒を飲みますか。

　　→ フレタスさんはお酒を飲まないと言っていました。

4. どんなスポーツをよくしますか。

　　→ みなみさんはテニスをよくすると言っていました。

5. 兄弟がいますか。

　　→ ロバートさんは兄弟がいないと言っていました。

6. どこに住んでいますか。

　　→ お父さんはカムループスに住んでいると言っていました。

7. 結婚していますか。

　　→ 七子さんは結婚しないと言っていました。

8. 車を持っていますか。

　　→ えいこさんは車を持っていると言っていました。

9. 週末はたいてい何をしますか。

　　→ すわこさんはたいていおそぐと言っていました。

10. (your own question)

　　→ 道川さんはときどきときを開く時どきどきすると言っていました。

Get the signature of the person you interviewed: ＿自分＿＿＿＿＿＿＿

第8課 5 ～ないでください

Ⅰ Translate the following sentences.

Example:　Please don't wait for me. (Because) I will be late.

→ 私を待たないでください。遅くなりますから。

1. Please don't forget your umbrella. (Because) It will rain this afternoon.

→ カさを忘れないでください。午後雨をふりますから。

2. Please don't open the window. (Because) I am cold.

→ まどを開けないでください。さむいですからなら。

3. Please don't turn off the TV. (Because) I'm watching the news (ニュース).

→ テレビをけさないでください。ニュースを見ていますから。

4. Please don't read that letter. (Because) It is my letter.

→ その手紙を読まないでください。ぼくの手紙ですから。

Ⅱ Write the dictionary form of each of the verbs used in the following sentences.

1. きらないでください。　　切る

2. きないでください。　　着る

3. こないでください。　　来る

4. かけないでください。　　かける

5. かかないでください。　　書く

6. しないでください。　　する

7. しなないでください。　　死ぬ

8. かえらないでください。　　帰る

9. かわないでください。　　買う

クラス _____　　なまえ _____

第8課 6 Verb のが好きです
<small>す</small>

Ⅰ Write what you are good at/what you are not good at/what you like to do/what you don't like to do, using the verbs in the box.

speaking Japanese	driving a car	taking pictures	singing
listening to a tape	taking a bath	playing sports	cooking
doing laundry	cleaning	washing a car	

1. 私は　にほんご　はなすのが　_____　下手です。
<small>わたし</small>　　　　　　　　　　　　　　　　　　　　　　　　　<small>へた</small>

2. 私はあまり　うんてんするのが　_____　上手じゃありません。
<small>わたし</small>　　　　　　　　　　　　　　　　　　　　　　　　　<small>じょうず</small>

3. 私は　そうじするのが　_____　大好きです。
<small>わたし</small>　　　　　　　　　　　　　　　　　　　　　　　　<small>だいす</small>

4. 私は　とるのが　_____　きらいです。
<small>わたし</small>

5. 私はあまり　りょうりするのが　_____　好きじゃありません。
<small>わたし</small>　　　　　　　　　　　　　　　　　　　　　　　　<small>す</small>

Ⅱ Translate the following sentences.

1. Erika is very good at making friends.

えりかさんは友だちと知り合うのが上手です。

2. Kiyoshi loves reading books.

きよしさんは本を読むのが大好きです。

3. Makoto hates cleaning the room.

まことさんは部屋をそうじするのが大きらいです。

4. Yoshie is not good at driving a car.

よしえさんは車を運転するのが下手です。

5. Yuki doesn't like doing laundry very much.

ゆきさんはせんたくするのがきらいです。

第**8**課 **7** が・何か and 何も
なに　　　　なに

(I) Look at the picture at a party and complete the following conversations.

山田
やまだ

佐藤
さとう

森
もり

岡田
おかだ

1. Q：だれが新聞を読んでいますか。
しんぶん　よ

　 A：さとうさんが読んでいます。　　　　　　　　　　　。

2. Q：だれが写真を撮っていますか。　　　　　　　　　。

　 A：森さんが撮っています。
もり　　　と

3. Q：だれがめがねをかけていますか。

　 A：山田さん が かけています。　　　　　　　　　　。

4. Q：だれが たばこを すっています か。　　　　　　　。

　 A：岡田さんが吸っています。
おかだ　　　す

(II) Translate the following sentences. (Note especially that 何か and 何も are
なに　　　　　　なに
normally not accompanied by particles.)

1. Q：Did you eat anything this morning?

　 今朝何か食べましたか。

　 A：No, I did not eat anything this morning.

　 いいえ、何も食べます。

2. Q：What will you do over the weekend?

　 週末何をしますか。
　　　　　　を

　 A：I won't do anything.

　 何もしない。

3. Yoshio said something, but I did not understand.

　 よしおさんは何か言いましたが、わかりませんでした。

4. Would you like to drink anything?

　 何か飲みませんか。

第8課 8 聞く練習 (Listening Comprehension)
き　れんしゅう

Ⓐ Listen to the CD and choose the picture that describes the situation in which you are likely to hear each of the sentences. 🔊 Disk4-23

1. (　　)　2. (　　)　3. (　　)　4. (　　)　5. (　　)　6. (　　)　7. (　　)

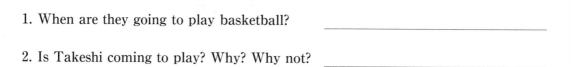

(a)　　　　(b)　　　　(c)　　　　(d)

(e)　　　　(f)　　　　(g)

Ⓑ Robert and Ken are talking. Listen to the dialogue and answer the questions. 🔊 Disk4-24

1. When are they going to play basketball?　　_____

2. Is Takeshi coming to play? Why? Why not?　_____

3. Is Tom coming also? Why? Why not?　　　　_____

Ⓒ Mary is reporting her interview with Professor Honma to the class. Circle every item that is true according to Mary's interview. 🔊 Disk4-25

1. Prof. Honma likes a woman who is:

　　[a. pretty　　b. tall　　c. short　　d. gentle　　e. smart　　f. slim].

2. He spends his weekends:

　　[a. playing baseball　　b. playing tennis　　c. watching sports games　　d. dating].

3. His students in a Japanese class are:

　　[a. lively　　b. quiet　　c. diligent　　d. kind].

第9課 1 Past Tense Short Forms

▶ Complete the chart below.

Verb

dictionary form	past, affirmative	past, negative	long, present
Ex. たべる	たべた	たべなかった	たべます
1. よむ	読んだ	読まなかった	読みます
2. あそぶ	あそんだ	あそばなかった	あそびます
3. おぼえる	覚えた	覚えなかった	覚えます
4. いく	行った	行かなかった	行きます
5. もらう	もらった	もらわなかった	もらいます
6. おどる	おどった	おどらなかった	おどります
7. およぐ	およいだ	およがなかった	およぎます
8. ひく	ひいた	ひかなかった	ひきます
9. やすむ	休んだ	休まなかった	休みます
10. する	した	しなかった	します
11. くる	来た	来なかった	来ます

Adjective/Noun

dictionary form	past, affirmative	past, negative
Ex. おもしろい	おもしろかった	おもしろくなかった
12. わかい	若かった	若くなかった
13. かっこいい	かっこよかった	かっこよくなかった
Ex. いじわる（な）	いじわるだった	いじわるじゃなかった
14. きれい（な）	きれいだった	きれいじゃなかった
15. にちようび	日曜日だった	日曜日じゃなかった

第9課 2 Past Tense Short Forms (Informal Speech)

Ⓘ Make informal question sentences using the cues and answer them in the negative.

Example: きのう、勉強する
→ Q：きのう、勉強した？　A：ううん、しなかった。

1. きのう、友だちに会う
→ Q：きのう、友だちに会かった？　　　A：ううん、友だちに会わなかった。

2. きのう、運動する
→ Q：きのう、運転した？　　　A：ううん、運転しなかった。

3. 先週、試験がある
→ Q：先週、試験があわった？　　　A：ううん、試験がなかった。

4. 先週の週末、大学に来る
→ Q：先週の週末、大学に来た？　　　A：ううん、大学に来なかった。

5. 先週の週末、楽しい
→ Q：先週の週末、楽しかった？　　　A：ううん、楽くなかった。

6. 子供の時、髪が長い
→ Q：子供の時、かみが長かった？　　　A：ううん、長くなかった。

7. 子供の時、勉強がきらい
→ Q：子供の時、勉強がきらいだった？　A：ううん、きらいじゃなかった。

Ⓘ Make your own questions you want to ask your friend about his/her childhood in informal speech.

Example: 子供の時、よくスポーツをした？

1. 子供の時、だれが好きだった？

2. 子供の時、何か食べるのがきらいだった？

3. 子供の時、夕食よく遅れた？

第9課 3 Past Tense Short Forms (〜と思います)

▶ Translate the following sentences, using the short form ＋ と思います. In sentences 6-10, "I don't think . . ." should be translated as 〜なかったと思います.

1. I think Yoshiko was good at skiing when she was a child.

よしこさんは、子供の時、スキーするのが上手だったと思います。

2. I think Tadashi's younger brother was good-looking when he was young.

ただしさんの弟は、子供の時、ハンサムだったと思います。

3. I think the concert began at 9 o'clock.

コンサートは九時に始まったと思います。

4. I think this song was popular when I was a child.

子供の時、この歌は人気があったと思います。

5. I think Saeko did physical exercises last weekend.

さえこさんは先週の週末運動したと思います。

6. I don't think the last week's exam was difficult. (lit., I think the last week's exam was not difficult.)

先週の試験はむずかしくなかったと思います。

7. I don't think Professor Yamashita was sick yesterday.

きのう山下先生は病気じゃなかったと思います。

8. I don't think Mie was mean when she was a child.

子供の時、みえちんはいじ悪じゃなかったと思います。

9. I don't think Masako received a letter from Mari.

まさこさんはまりさんから手紙をもらわなかったと思います。

クラス _____ なまえ _____

第9課 4 Quotations (〜と言っていました)

▶ Ask someone (preferably Japanese) the following questions. Report the answers using 〜と言っていました.

Example: 仕事は何ですか。 → 田中さんは会社員だと言っていました。

1. どんな音楽をよく聞きますか。

→ ステファニーさんはでうじのロックを聞くと言っていました。

2. 何をするのがきらいですか。

→ みななちんは矢明ない人とれんしゅうするのがきらいだと言っていました。

3. 先週の週末、何をしましたか。

→ たかさんは友だちと遊んだと言っていました。

4. 子供の時、いい子でしたか。

→ なやみちんはいい子じゃなかったと言っていました。

5. 子供の時、背が高かったですか。

→ みなみさんは背が高くなかったと言っていました。

6. 子供の時、学校が好きでしたか。

→ ちなんださんは学校が好きだったと言っていました。

7. 子供の時、どこに住んでいましたか。

→ ぼくの妹は、中国に住んでいたと言っていました。

8. 子供の時、よく何をしましたか。

→ れいさんはよく本を読んだと言っていました。

9. (your own question)

→ みやこちんはゆうれいがこわいと思ったと言っていました。

Get the signature of the person you interviewed: 自分 _____

第9課 5 Qualifying Nouns with Verbs

▶ Look at the picture, and answer the questions. Use the pattern ○○さんは〜ている人(ひと)です, describing what each person is currently doing.

1. みどりさんはどの人(ひと)ですか。
   Hamburger を食べている ひと です。

2. けんいちさんはどの人(ひと)ですか。
   コーヒーを飲ている の人です。

3. ともこさんはどの人(ひと)ですか。
   cake をきている の人です。

4. しんじさんはどの人(ひと)ですか。 singing
   うたて ひとです。

5. えりかさんはどの人(ひと)ですか。
   えりかさんは けんいちさんと話している人です。

第9課 6 まだ〜ていません

▶ Translate the following sentences. Note that answers to もう questions require different verb forms in the affirmative and in the negative. If you are unclear, review Grammar 3 (pp. 176-177).

1. Q : Have you eaten lunch yet?

   もう昼ごはんを食べましたか

   A : No, I haven't eaten yet.

   いいえ、まだ食べていません。

2. Q : Have you been to Tokyo yet? (Use 行く.)

   もう東京に行きましたか。

   A : Yes, I have (been there) already.

   はい、もう行きました。

3. Q : Have you bought a kanji dictionary yet?

   もう漢字のじしょを買いましたか。

   A : No I haven't bought (one) yet.

   いいえ、まだ買っていません。

4. Q : Have you talked with the new teacher yet?

   もう新しい先生と話しましたか。

   A : No, I haven't talked (with her) yet.

   ううん、まだ話していません。

5. Q : Have you done the homework yet?

   もう宿題をしましたか。

   A : Yes, I have (done it) already.

   はい、もうしました。

第**9**課 **7** 〜から

(Ⅰ) Translate the following sentences.

1. I won't do physical exercises because I am sick today.

今日、元気じゃありませんでしたから、私はれんしゅ

2. Today's exam was easy because I memorized all the vocabulary.

単語をおぼえたから、

3. Masako is very popular because she is good at dancing.

まさこさんはおどるのが上手ですから、ずいぶん人気があります。

4. I was very lonely because I did not have any friends.

友をはかいながたがた

5. I went to see Kabuki with a friend because I received two tickets.

カブキをみにいた

(Ⅱ) Answer the questions, using the short form ＋ から.

Example: Q：きのう勉強しましたか。
A：いいえ、宿題がなかったから、勉強しませんでした。

1. Q：先週は忙しかったですか。

A：いいえ、も仕事はひがかだから、忙しくなかったです。

2. Q：きのう、学校に来ましたか。

A：いいえ、かぜをひいたから、来ませんでした。

3. Q：今週の週末、出かけますか。

A：いいえ、どこは行かなくてもいいから、出かけません。

4. Q：来年も日本語を勉強しますか。

A：はい、日本語が大好きだから、勉強します。

第9課 8 聞く練習 (Listening Comprehension)
き　　れんしゅう

Ⓐ Ken and Michiko are talking. Listen to the dialogue and answer the questions.
〔🔊〕Disk5-9

1. Who waited for whom? ＿＿＿＿＿＿＿＿＿＿＿＿＿＿＿＿＿＿＿＿＿＿＿

2. How long did he/she wait? ＿＿＿＿＿＿＿＿＿＿＿＿＿＿＿＿＿＿＿＿＿

3. What are they going to do? ＿＿＿＿＿＿＿＿＿＿＿＿＿＿＿＿＿＿＿＿

4. Where is the restaurant located? ＿＿＿＿＿＿＿＿＿＿＿＿＿＿＿＿＿＿

Ⓑ Jun is showing the picture taken at his birthday party. Where are the following people in the picture? 〔🔊〕Disk5-10

1. ( ) Jun

2. ( ) Jun's girlfriend

3. ( ) Jun's younger sister

4. ( ) Jun's older sister

5. ( ) Jun's younger brother

6. ( ) Jun's father

7. ( ) Pochi

Ⓒ Listen to the dialogue at a shop. How many of each item did the shopkeeper sell?
〔🔊〕Disk5-11

	How many?	Total amount
1. coffee	＿＿＿＿＿	¥ ＿＿＿＿＿
2. orange	＿＿＿＿＿	¥ ＿＿＿＿＿
3. rice ball (おにぎり)	＿＿＿＿＿	¥ ＿＿＿＿＿
4. tea	＿＿＿＿＿	¥ ＿＿＿＿＿
5. boxed lunch	＿＿＿＿＿	¥ ＿＿＿＿＿

第10課 1 Comparison Between Two Items

(I) Translate the following sentences.

1. Tokyo is larger than Osaka.

　東京のほうが おおさかより 大きいです。

2. Sundays are more fun than Mondays.

　月曜日より日曜日のほうが 楽しいです。

3. Spock (スポック) is smarter than Kirk (カーク).

　スポックのほうが カークより あたまが いいです。

4. Q : Soccer and baseball, which do you like better?

　　サッカとやきゅうと どちらのほうが 好きですか。

　A : I like baseball better.

　　やきゅうのほうが 好きです。

(II) Make comparative sentences (both questions and answers).

Example:　Q : 日本語のクラスとビジネスのクラスとどっちのほうが大変ですか。
　　　　　A : 日本語のクラスのほうがビジネスのクラスより大変です。

1. Q : 日曜日と土曜日とどっちのほうが よく 朝ねぼうしますか。

　A : 土曜日の ほうが 日曜日より 朝ねぼうします。

2. Q : ころぶのと足をふまれるのとどちらの ほうが 痛いですか。

　A : ころぶのほうが 痛いです。

3. Q : えんぴつとペンと どっちのほうが 好きですか。

　A : えんぴつのほうが 好きです。

第10課 2 Comparison Among Three or More Items

Ⓘ Using the following categories, make "what/where/who is the most . . ." questions and answer them.

(Ex.) 日本料理 にほんりょうり	世界の町 せかい まち	有名人 ゆうめいじん	季節 きせつ	野菜 やさい	外国語 がいこくご

Example:

Q：日本料理の中で、何がいちばんおいしいですか。
にほんりょうり なか なに

A：すしがいちばんおいしいです。／すしがいちばんおいしいと思います。
おも

1. Q：きせつの中で、どちらが 一番 いちばん 好きですか。

　　A：秋が いちばん 好きです。

2. Q：やさいの中で、何がいちばん有名ですか。

　　A：トマトが いちばん有名です。

3. Q：外国語の中で、何が いちばん 読みにくいですか。

　　A：ウェールズ語が いちばん読みにくいです。

Ⓘ Translate the following sentences.

1. Q：Between Chinese, Korean, and Japanese, which is the most difficult?

　　中国語とかん国語と日本語の中で、何がいちばんむずかしいですか。

　　A：The Korean language is the most difficult.

　　かん国語はいちばんむずかしいです。

2. Q：Between meat, fish, and vegetables, which do you like best?

　　肉と魚とやさいの中で、何がいちばん好きですか。

　　A：(your own answer)

　　魚がいちばん嫌です。

第10課 3 Adjective/noun + の

Ⅰ Look at the pictures and complete the dialogue, using の.

Mary's   Takeshi's   Mary's   Takeshi's

1. Q：メアリーさんのシャツはどちらですか。

    A：_白いのです。_

2. Q：この黒いシャツは_だれのですか。_

    A：たけしさんのです。

3. Q：メアリーさんのパンツはどちらですか。

    A：_みじかいのです。_

4. Q：この長いパンツはスーさんのですか。

    A：_いいえ、たけしさんのです。_

Ⅱ Translate the following sentences.

1. This clock is expensive. Give me a cheap one.

    このとけいは高いです！ 安いのを下さい。
                            Pronoun

2. My computer is slower than yours.

    私のコンピューター（のほう）があなたのよりおそいです。
              Possesion   Possesion

3. What kind of movies do you like? —— I like scary ones.

    どんな えいがが好きですか。 私はこわいのが好きです。
    (what kind of)   Pronoun

4. This dictionary is old. I will buy a new one.

    このじしょは古いです。私は新しいのを買います。
                          Pronoun

5. This red sweater is more expensive than that white one.

    このあかいセーター（のほう）が白いのより高いです。
                             Pronoun

第10課 4 〜つもりだ

(I) Translate the following sentences, using 〜つもりです.

1. I am planning on going to see a movie this afternoon.

この午後、映画を見に行くつもりです。

2. I intend to not go out this evening.

今夕、出かけなつもりです。

3. I intend to work for a Japanese company.

日本の会社につとめるつもりです。

4. I intend to not get married.

結婚しないつもりです。

5. Because we have an exam next week, I am planning on studying this week.

来週試験があるから、今週勉強するつもりです。

(II) Answer the following questions using, 〜つもりです.

1. 今晩何をしますか。
   こんばんなに

   おすしを食べるつもりです。

2. この週末何をしますか。
   しゅうまつなに

   勉強もするつもりです。

3. 来学期も日本語を勉強しますか。
   らいがっき　にほんご　べんきょう

   はい、するつもりです。

4. 夏休み／冬休みに何をしますか。
   なつやす　ふゆやす　なに

   家族に会うつもりです。

第10課 5 Adjective ＋ なる

Ⅰ Describe the following changes, using 〜なりました.

1.  tall

2.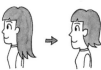

3.

1. メアリーさんは 高くなりました

2. 知らない人はかみがみじかくなりました。

3. ほかの知らない人はひまになりました。

Ⅱ Translate the following sentences, using the verb なります. Pay attention to the order of elements in the sentences: "(reason clause) から, (main clause)."

1. My room became clean, because I cleaned it this morning.

今朝そうじしたから、部屋が きれいになりました。

2. I have become sleepy, because I did not sleep much last night.

夕べ あまり ねなかったから、ねむくなります。

3. I have become very good at speaking Japanese, because I practiced a lot.

たくさん れんしゅうしたから、日本語を話すのがすごく上手になります。

4. I will be (become) a teacher, because I like children.

子供が好きだから、きょうしになります。

クラス ________________　なまえ ________________________________

第10課 6 ～で行(い)きます/かかります

Ⅰ Describe how Mary and her host father commute to school, and how long it takes or how much it costs.

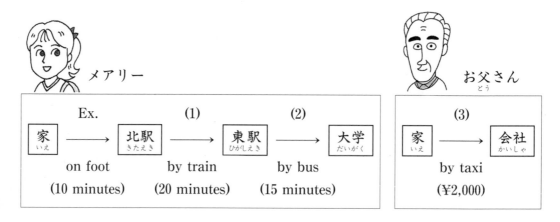

メアリー

お父(とう)さん

	Ex.		(1)		(2)	
家(いえ)	→	北駅(きたえき)	→	東駅(ひがしえき)	→	大学(だいがく)
	on foot (10 minutes)		by train (20 minutes)		by bus (15 minutes)	

	(3)	
家(いえ)	→	会社(かいしゃ)
	by taxi (¥2,000)	

Example:　メアリーさんは家(いえ)から北駅(きたえき)まで歩(ある)いて行(い)きます。十分(じゅっぷん)かかります。

1. きたえきからひがしえきまで電車でいきます。二十分かかります。

2. ひがしえきから大学までバスでいきます。十五分かかります。

3. お父さん ~~妹さん~~は
いえから会社までタクシーでいきます。¥2000かかります。

Ⅱ Answer the following questions.

あなたはどうやって学校(がっこう)に行(い)きますか。どのぐらいかかりますか。

バスで学校に行きました。十分ぐらいかかりました。

第10課 7 聞く練習 (Listening Comprehension)
き　　れんしゅう

(A) Mary and her friends are talking about the upcoming winter vacation. Listen to the dialogue and fill in the chart in English. (⚬))） Disk5-21

	1. Where	2. What to do	3. How long
Mary			
Robert			
Takeshi			
Sue			

(B) Naomi, who is a student at a Japanese language school, wants to go to college in Japan. She is interested in three schools (Hanaoka, Tozai, and Tsushima). Listen to the conversation between Naomi and her Japanese teacher and answer the following questions in English. (⚬))） Disk5-22

Word you may not know: 学費 (tuition)
がくひ

1. Which university is the biggest?

2. How much is the tuition at Tsushima University per year?

3. How far is Tozai University from here? How can you get there?

4. Which university has the best Japanese class? Why?

Ⓒ Read Michiko's diary. Listen to the questions on the CD and write your answers in Japanese. 🔊 Disk5-23

> 冬休みに友だちと東京へ行った。12月11日にバスで行った。
> 東京で買い物をした。それから、東京ディズニーランドに
> 行った。12月15日に帰った。とても楽しかった。

1.

2.

3.

4.

5.

第11課 1 〜たい

Ⅰ Choose from the list below two things you want to do and two things you don't want to do and make sentences.

| 山に登る　　学校をやめる　　ピアノを習う　　テレビを見る　　働く |
| うそをつく　　友だちとけんかする　　外国に住む　　運動する |

1. What you want to do:

  a. 山に登りたいです。

  b. ともだちとけんかしたいです。

2. What you don't want to do:

  a. テレビを見たくないです。

  b. はたらきたくないです。

Ⅱ Translate the following sentences into Japanese.

1. I want to drive a car.

  くるまをうんてんしたいです。

2. I don't want to ride a train.

  れっしゃにのりたくない。

3. I wanted to own a dog when I was a child.

  子供の時、いぬがかいたかったです

4. I didn't want to go to school when I was a child.

  子供の時、学校に行きたくなかったです。

Ⅲ Answer the questions.

1. 子供の時、何になりたかったですか。

  けんせつしゃになりたかったです。

2. 子供の時、何がしたくありませんでしたか。

  意楽の字習を勉強したくありませんでした。

第11課 2 〜たり〜たりする

Ⓘ Translate the following sentences, using 〜たり〜たり.

1. I watched a movie, shopped, etc., on the weekend.

週末 映画を見たり、買物したり ~~かかか~~ しました。

2. I'll do laundry, study, etc., tomorrow.

明日 せんたくしたり、勉強したり ~~かかか~~ します。

3. I met a friend, read a book, etc., yesterday.

きのう、友だちに会ったり、本を ~~読~~ 読んだり ~~かかか~~ しました。

4. I practice Japanese, listen to Japanese tapes, etc., in the language lab.

L.L. で、日本語をれんしゅうしたり、映語のテープを聞いたりします。

5. I want to climb a mountain, go to a hot spring, etc., this weekend.

~~かかかかかかかか~~ 今週の週末、山をのぼったり、おんせんに行ったりしたいです。

6. You must not smoke, drink beer, etc., in class.

授業中にたばこをすったり、~~せ~~ ビールを飲んだり ~~かかかかかかかかかかかかかか~~ してはいけません。

Ⓘ Answer the questions, using 〜たり〜たり.

1. デートの時、何をしますか。

かぶきを見たり、夕ごはんを食べたりします。

2. 休みに何をしましたか。

家族に会いに行ったり、友だちとあそんだり しました。

3. 子供の時、よく何をしましたか。

ピアノをひいたり、サッカをしたりしました。

4. 今度の週末、何がしたいですか。

本を読んだり、映語を勉強したりしたいです。

第11課 3 ～ことがある

Ⅰ Choose from the list below two things you have done and two things you have never done and make sentences.

山に登る	日本料理を作る	英語を教える	猫を飼う	地下鉄に乗る
クラスで寝る	働く	外国に住む	ダイエットをする	ピアノを習う
先生に手紙を書く	友だちとけんかする			

1. What you have done:

   a. クラスで寝たことがあります。

   b. 日本料理を作ったことがあります。

2. What you have never done:

   a. ダイエットをしたことがありません。

   b. 英語を教えたことがありません。

Ⅱ Translate the following sentences.

1. I have been late for class.

   くらすにちこくしたことがあります。

2. I have never told a lie.

ぜんぜんうそをついたことがありません。

3. I have never cut the class.

   サボたことがぜんぜんありません。

4. Have you ever climbed Mt. Fuji? — No, I haven't.

   ふじさんにのぼたことがありますか。 いいえ、ありません。

第11課 4 Noun A や noun B

▶ Answer the questions with 〜や〜.

1. 大学のそばに何がありますか。
   スーパーやりょうがあります。

2. 今、十万円あります。何が買いたいですか。
   空手のぎやピアノの台が買いたいです。

3. 誕生日に何をもらいましたか。
   お金や本をもらいました。

4. 休みの日に、よくどこに行きますか。
   きっさてんやすしのレストランに行きます。

5. 有名人の中で、だれに会いたいですか。
   ベルセーやステベソ・エリクソノに会いたいです。

6. どんな日本料理を食べたことがありますか。
   おにぎりやすしやうたを食べたことがあります。

第11課 5 聞く練習 (Listening Comprehension)
き　れんしゅう

Ⓐ Akira, Yoshiko, and Ken are talking about their vacation. What did they do? What are they planning to do for the next vacation? Choose the answers from the list. 🔊 Disk6-7

a. skiing　　b. camping　　c. driving　　d. watching TV
e. shopping　　f. meeting friends　　g. taking a walk on a beach
h. working part-time　　i. climbing mountains　　j. taking a spa bath

	1. last vacation	2. next vacation
あきら ……	(a) (j)	(i)
よしこ ……	(f) (g) (e)	(h)
けん ………	(d)	(g) (c)

Ⓑ Listen to the three short dialogues and answer the questions in English. 🔊 Disk6-8

1. (After school)

   They are going to have: [a. pizza   b. sushi   c. spaghetti].

2. (On a date)

   They are going to watch:

   [a. Godzilla   b. Superman   c. My Fair Lady   d. undecided].

3. (In New York)

   What are their plans for today and tomorrow?

   Today:　　[a. shopping   b. museum   c. movie   d. musical]

   Tomorrow: [a. shopping   b. museum   c. movie   d. musical]

Ⓒ Listen to the dialogue and answer in English what each person wanted/wants to be. Disk6-9

	1. When he/she was a child	2. Now
Mary	president of company	[illegible]
Tom	singer	rich person
Teacher	none	none

第12課 1 ～んです

Ⅰ Answer the question using ～んです according to the given cues.

Q：どうしたんですか。

1. A：<u>おなかが痛いんです</u>。
   (have a stomachache)

2. A：<u>彼女と別れたんです</u>。
   (broke up with a girlfriend)

3. A：<u>かぜをひいたんです</u>。
   (caught a cold)

4. A：<u>ふつかよいんです</u>。
   (hangover)

5. A：<u>さいふをなくしたんです</u>。
   (lost my wallet)

6. A：<u>せいせきが悪かったんです</u>。
   (the grade was bad)

Ⅱ Make up the reasons and answer the questions with ～んです。

1. Q：どうしてアルバイトをしているんですか。

   A：<u>お金がいるんです</u>。

2. Q：どうしてきのうクラスをサボったんですか。

   A：<u>かぜをひいたんです</u>。

3. Q：どうして疲れているんですか。

   A：<u>あまりねたんです</u>。

4. Q：どうして緊張しているんですか。

   A：<u>みんながじ⒊じ⒊見ているんです</u>。

第12課 2 〜すぎる

① Complete the sentences according to the given cues.

1. このお菓子は <u>あますぎます。</u>
かし
　　　　　　　　　(too sweet)　　　　　　　　　　　　　　　　。

2. あのクラスは <u>むずかしすぎる</u>
　　　　　　　　　(too difficult)　　　　　　　　　　　　　　　。

3. 今日は <u>さむすぎる</u> から、学校に行きたくありません。
きょう　　　　　(too cold)　　　　　　　　　　　　がっこう　い

4. 先週、<u>はたらきすぎる.</u>
せんしゅう　　　(I worked too much)　　　　　　　　　　　　。

5. きのう、<u>テレビを見すぎる</u>
　　　　　　　(I watched TV too much)　　　　　　　　　　。

6. <u>けんちょうしすぎる</u> から、頭が痛くなりました。
　　　　(too nervous)　　　　　　　　　　あたま　いた

7. <u>歌を歌いすぎる</u> から、のどが痛くなりました。
　　　(sang songs too much)　　　　　　　　　　いた

8. 週末に <u>あそびすぎる</u> から、今日は勉強します。
しゅうまつ　(played around too much)　　　　　きょう　べんきょう

② Complain about something or somebody, using 〜すぎる.

Sample topics:　life/Japanese class/food in the cafeteria/your room/friend/father/
mother/teacher

1. ~~　~~ 犬が ~~　~~ うるさすぎる。

2. きみが とおすぎる。

第12課 3 ～ほうがいいです

Ⅰ Translate the following sentences.

1. You had better go to a hospital.
   病院に行ったほうがいいですよ。

2. You had better memorize kanji.
   漢字をおぼえたほうがいいです

3. You had better write a letter to your mother.
   母に手紙を書いたほうがいいです。

4. You had better not worry.
   心配しないほうがいいです

5. You had better not smoke.
   たばこをすわないほうがいいです。

6. You had better not tell a lie.
   うそをつかないほうがいいです。

Ⅱ Give advice, using ～ほうがいいですよ.

1. Your friend：あしたテストがあるんです。

   You： 勉強したほうがいいですよ。

2. Your friend：おなかがすいたんです。

   You： 何か食べたほうがいいですよ。

3. Your friend: かぜをひいたんです。

   You： 家に帰ったほうがいいですよ。

第12課 4 〜ので

Ⅰ Translate the following sentences, using 〜ので.

1. I will not go to a party, because I am busy.

いそがいので、パーティーを行きません。

2. I came to Japan, because I wanted to study Japanese.

日本語を勉強したので、日本に来ました。

3. I like her, because she is kind.

やさしいので、好きです。

4. I often go to see movies, because I am interested in foreign countries.

外国にきょうみがあるので、よく映画を見に行きます。

5. My grade was bad, because I didn't study.

勉強しなかったので、せいせきが悪かったです。

6. I will not go to the party tomorrow, because I have a scheduling conflict.

つごうが悪いので、パーティーに明日行きません。

Ⅱ Answer the questions, using 〜ので.

Example:　Q：きのう勉強しましたか。
　　　　　A：いいえ、宿題がなかったので、勉強しませんでした。

1. Q：歌手の中でだれが好きですか。

A：かっこいいので、ベルセーが好きです。

2. Q：今いちばんどこに行きたいですか。

A：日本にあまり時間がなかったので、日本にもどって行きたいです。

3. Q：将来どんな仕事がしたいですか。

A：いつもいつにおいがするので、パン屋で仕事がしたいです。

第12課 5 ～なくちゃいけません

Ⅰ Read the first half of the sentences. Then, choose what you have to do from the list and complete the sentences using ～なくちゃいけません. You may use the same words only once.

| quit the part-time job   buy the textbook   do laundry   practice   get up early |

1. あしたは九時からクラスがあるので、おきなくちゃいけません 。

2. 新しいクラスが始まるので、テクストを かわなくちゃ いけません 。

3. 来週テニスの試合があるので、れんしゅう しなくちゃ いけません 。

4. お母さんが病気なので、せんたくし なくちゃいけません 。

5. 勉強が忙しくなったので、アルバイトをやめなくちゃいけません 。

Ⅱ Write two things you have to do this week and two things you had to do yesterday.

1. This week:

   a. 今週、きれいな作品を作らなくちゃいけません。

   b. 今週、空手のよしゅうをしなくちゃいけません。

2. Yesterday:

   a. たくさんねなくちゃいけません。

   b. きょうかしょをとりた行かなくちゃいけません。

クラス _____　なまえ _____

第12課 6 ～でしょう

▶You are a meteorologist. Look at the table and report the weather and the temperature of each location with ～でしょう.

Tomorrow's Weather

	天気 てんき	気温 きおん
Ex. 北海道 ほっかいどう		5℃
1. 東京 とうきょう		17℃
2. 大阪 おおさか		20℃
3. 沖縄 おきなわ		24℃

Example:　北海道はあした雪でしょう。
　　　　　ほっかいどう　　　　ゆき
　　　　　気温は五度ぐらいでしょう。
　　　　　きおん　ごど

1. あした東京はくもりでしょう。
　　きおんは十七度ぐらいでしょう。

2. おおさかはあした雨がふるでしょう。
　　きおんは二十度ぐらいでしょう。

3. おきなわはあしたはれでしょう。
　　きおんは二十四度ぐらいでしょう。

第12課 7 聞く練習 (Listening Comprehension)
き　　　れんしゅう

(A) Listen to the three dialogues at the health clinic. Mark ○ for the symptoms each patient has and write down the doctor's suggestion in English. 🔊 Disk6-19

Words you may not know: くち (mouth)　さしみ (raw fish)

ねつをはかる (take one's temperature)

Patient	a. sore throat	b. head-ache	c. stomach-ache	d. cough	e. fever	doctor's suggestion
1						
2						
3						

(B) Two colleagues are talking at the office. Listen to the dialogue and answer the following questions in English. 🔊 Disk6-20

1. Are they going out tonight? Why (not)?

2. What does the woman suggest the man should do?

(C) Listen to tomorrow's weather forecast and fill in the chart in English. 🔊 Disk6-21

	Weather	Temperature
1. Tokyo	rain and bec. cloudy, hot	29 ℃
2. Moscow	cloudy, bit cold	17 ℃
3. Bangkok	sunny, very hot	38 ℃
4. Canberra	cloud, bit of rain, warm	21 ℃

読み書き編
よかへん

クラス ＿＿＿＿＿＿＿＿＿ なまえ ＿＿＿＿＿＿＿＿＿＿＿＿＿＿＿＿
(Class)   (Name)

第1課 1 Hiragana (あ - こ)
だい いっ か

Ⅰ Practice writing the following ten *hiragana* (あ through こ).

a	あ	ー て / あ	あ	あ	あ	あい				
i	い	い / い	い	い	い	あい				
u	う	` / う	う	う	う	う				
e	え	` / え	え	え	え	え				
o	お	ー お / お	お	お	お	お				
ka	か	つ カ / か	か	か	か	か				
ki	き	ー ニ / き き	き	き	き	き				
ku	く	く	く	く	く	く				
ke	け	い に / け	け	け	け	け				
ko	こ	ー こ	こ	こ	こ	こ				

Ⅱ Copy and romanize the words below.

1. あおい (blue)   2. うえ (above)   3. おか (hill)
4. あき (autumn)   5. いけ (pond)   6. こく (densely)

Ⅲ Write the words below in *hiragana*.

1. *ou* (indebted)   2. *ie* (house)   3. *ai* (love)
4. *kako* (past)   5. *kui* (regret)   6. *eki* (station)

第1課 2 Hiragana (さ - と)
だい いっ か

Ⓘ Practice writing the following ten *hiragana* (さ through と).

sa	さ	ー さ / さ	さ	さ	さ	さ			
shi	し	し	し	し	し	し			
su	す	ー す	す	す	す	す			
se	せ	ー サ / せ	せ	せ	せ	せ			
so	そ	そ	そ	そ	そ	そ			
ta	た	ー ナ / た た	た	た	た	た			
chi	ち	ー ち	ち	ち	ち	ち			
tsu	つ	つ	つ	つ	つ	つ			
te	て	て	て	て	て	て			
to	と	` と	と	と	と	と			

Ⅱ Copy and romanize the words below.

1. あした
   (tomorrow)

2. とち
   (land)

3. かたて
   (one hand)

4. おさけ
   (alcohol)

5. きせつ
   (season)

6. すそ
   (hemline)

Ⅲ Write the words below in *hiragana*.

1. *tasuke*
   (help)

2. *sasoi*
   (invitation)

3. *tsukue*
   (desk)

4. *osechi*
   (festive food)

5. *toshi*
   (age)

6. *aite*
   (partner)

第1課 3 Hiragana (な - ほ)
だい いっ か

Ⅰ Practice writing the following ten *hiragana* (な through ほ).

na	な	一 ナ / ナ な	な	な	な	な				
ni	に	し / に / に	に	に	に	に				
nu	ぬ	し / ぬ / ぬ	ぬ	ぬ	ぬ	ぬ				
ne	ね	1 / ね / ね	ね	ね	ね	ね				
no	の	の	の	の	の	の				
ha	は	し / に / は	は	は	は	は				
hi	ひ	ひ	ひ	ひ	ひ	ひ				
fu	ふ	、 / ぶ / ふ ふ	ふ	ふ	ふ	ふ				
he	へ	へ	へ	へ	へ	へ				
ho	ほ	し / に / に ほ	ほ	ほ	ほ	ほ				

Ⅱ Copy and romanize the words below.

1. ひふ
(skin)

2. なにか
(something)

3. ほね
(bone)

4. しぬ
(die)

5. このは
(leaf)

6. へた
(clumsy)

Ⅲ Write the words below in *hiragana*.

1. *fune*
(boat)

2. *hoshi*
(star)

3. *hana*
(flower)

4. *heso*
(navel)

5. *nuno*
(cloth)

6. *hiniku*
(sarcasm)

クラス _____ (Class)　　　　なまえ _____ (Name)

第1課 4 Hiragana (ま - よ)
だい いっ か

Ⅰ Practice writing the following eight *hiragana* (ま through よ).

ma	ま	一 / ま	ニ	ま	ま	ま	ま			
mi	み	み	み	み	み	み	み			
mu	む	一 / む	む	む	む	む	む			
me	め	＼	め	め	め	め	め			
mo	も	し / も	も	も	も	も	も			
ya	や	っ / や	や	や	や	や	や			
yu	ゆ	い	ゆ	ゆ	ゆ	ゆ	ゆ			
yo	よ	-	よ	よ	よ	よ	よ			

Ⅱ Copy and romanize the words below.

1. まち
   (town)

2. みせ
   (store)

3. むね
   (chest)

4. ゆめ
   (dream)

5. もや
   (fog)

6. よそもの
   (stranger)

Ⅲ Write the words below in *hiragana*.

1. *mochi*
   (rice cake)

2. *matsu*
   (wait)

3. *yamiyo*
   (dark night)

4. *oyu*
   (hot water)

5. *musume*
   (daughter)

クラス _____ なまえ _____
(Class) (Name)

第1課 5 Hiragana (ら - ん)
だいいっか

Ⅰ Practice writing the following eight *hiragana* (ら through ん).

ra	ら	` / ら	ら	ら	ら	ら			
ri	り	' / り	り	り	り	り			
ru	る	る	る	る	る	る			
re	れ	l / れ	れ	れ	れ	れ			
ro	ろ	ろ	ろ	ろ	ろ	ろ			
wa	わ	l / わ	わ	わ	わ	わ			
o (wo)	を	ー / ナ / を	を	を	を	を			
n	ん	ん	ん	ん	ん	ん			

Ⅱ Copy and romanize the words below.

1. わらう
   (laugh)

2. りかいする
   (comprehend)

3. きいろ
   (yellow)

4. れつ
   (queue)

5. きをつけて
   (Watch out!)

6. しんり
   (psychology)

Ⅲ Write the words below in *hiragana*.

1. *wakaru*
   (understand)

2. *rekishi*
   (history)

3. *meo(=wo)samasu*
   (wake up)

4. *riron*
   (theory)

5. *rainen*
   (next year)

6. *han ei*
   (prosperity)

第1課 6 Hiragana (Dots/Circles/Long Vowels)
だい いっ か

(I) Copy and romanize the words below, paying special attention to letters with dots and circles.

1. できごと
   (event)

2. じだい
   (historical period)

3. ごばんがい
   (Fifth Avenue)

4. ばんぱく
   (Expo)

(II) Write the words below in *hiragana*, paying attention to letters with dots and circles.

1. *kaba*
   (hippo)

2. *gaikokujin*
   (foreigner)

3. *mondai*
   (problem)

4. *shinpai*
   (worry)

(III) Copy and romanize the words below, paying attention to the long vowels.

1. おかあさん
   (mother)

2. おにいさん
   (older brother)

3. くうき
   (air)

4. へいわ
   (peace)

5. そうだん
   (consultation)

(IV) Write the words below in *hiragana*, paying attention to the long vowels. Note especially that "*ee*" and "*oo*" sequences are transcribed as if they are "*ei*" and "*ou*," respectively.

1. *ojiisan*
   (grandfather)

2. *obaasan*
   (grandmother)

3. *tsuuyaku*
   (interpreter)

4. *gakusee*
   (student)

5. *otoosan*
   (father)

第1課 7 Hiragana (Small や, ゆ, よ/Double Consonants)
だい いっ か

Ⅰ Copy and romanize the words below, paying special attention to small *hiragana*.

1. おきゃくさん
(guest)

2. しょくぎょう
(occupation)

3. しゃかい
(society)

4. みんしゅしゅぎ
(democracy)

5. おちゃ
(tea)

6. ひゃくえん
(100 yen)

7. みゃくらく
(story line)

8. りょう
(dormitory)

Ⅱ Write the words below in *hiragana*, paying attention to small *hiragana*.

1. *kyoka*
(permission)

2. *choosa*
(investigation)

3. *joyuu*
(actress)

4. *jugyoo*
(class)

5. *chuusha*
(parking)

6. *ryokoo*
(travel)

Ⅲ Copy and romanize the words below, paying special attention to the double consonants.

1. いっかい
(once)

2. きっさてん
(coffee shop)

3. ずっと
(all along)

4. しっぽ
(tail)

5. あんない
(guide)

Ⅳ Write the words below in *hiragana*, paying attention to the double consonants.

1. *issho*
(together)

2. *motto*
(more)

3. *chippoke*
(puny)

4. *zannen*
(regrettable)

クラス _____ なまえ _____

第2課 1 Katakana (ア - コ)

だい に か

Ⅰ Practice writing the following ten *katakana* (ア through コ).

a	ア	ア	ア	ア	ア	ア	ア	ア	ア
i	イ	イ	イ	イ	イ	イ	イ	イ	イ
u	ウ	ウ	ウ	ウ	ウ	ウ	ウ	ウ	ウ
e	エ	エ	エ	エ	エ	エ	エ	エ	エ
o	オ	オ	オ	オ	オ	オ	オ	オ	オ
ka	カ	カ	カ	カ	カ	カ	カ	カ	カ
ki	キ	キ	キ	キ	キ	キ	キ	キ	キ
ku	ク	ク	ク	ク	ク	ク	ク	ク	ク
ke	ケ	ケ	ケ	ケ	ケ	ケ	ケ	ケ	ケ
ko	コ	コ	コ	コ	コ	コ	コ	コ	コ

Ⅱ Write the words below in *katakana*.

Unlike the *hiragana* writing system, long vowels in *katakana* words are transcribed with a bar. For example: リー (りい in *hiragana*), カー (かあ in *hiragana*).

1. おーけー
(okay)

2. けーき
(cake)

3. うえあ
(wear)

4. こーく
(coke)

5. おーい
(yoohoo!)

6. ここあ
(cocoa)

クラス ＿＿＿＿＿＿＿＿　　なまえ ＿＿＿＿＿＿＿＿＿＿＿＿＿＿＿＿＿

第2課 2 Katakana (サ - ト)
だいにか

Ⅰ Practice writing the following ten *katakana* (サ through ト).

sa	サ	一 サ +		サ	サ	サ	サ	サ	サ	サ
shi	シ	丶 シ ゙		シ	シ	シ	シ	シ	シ	シ
su	ス	フ ス		ス	ス	ス	ス	ス	ス	ス
se	セ	一 セ セ		セ	セ	セ	セ	セ	セ	セ
so	ソ	丶 ソ ソ		ソ	ソ	ソ	ソ	ソ	ソ	ソ
ta	タ	ノ タ ク		タ	タ	タ	タ	タ	タ	タ
chi	チ	ー チ 二		チ	チ	チ	チ	チ	チ	チ
tsu	ツ	丶 ツ ゙		ツ	ツ	ツ	ツ	ツ	ツ	ツ
te	テ	ー テ 二		テ	テ	テ	テ	テ	テ	テ
to	ト	｜ ト ト		ト	ト	ト	ト	ト	ト	ト

Ⅱ Write the words below in *katakana*.

1. しーざー
   (Caesar)
2. すーつ
   (suit)
3. せっと
   (set)
4. そっくす
   (socks)
5. たこす
   (tacos)
6. ちーず
   (cheese)
7. たい
   (Thailand)
8. でっき
   (deck)

クラス _____ なまえ _____

第2課 3 Katakana (ナ - ホ)
だいにか

Ⅰ Practice writing the following ten *katakana* (ナ through ホ).

na	ナ	一 ナ	ナ ナ ナ	ナ ナ ナ ナ ナ ナ
ni	ニ	一 ニ	ニ ニ ニ	ニ ニ ニ ニ ニ ニ
nu	ヌ	フ ヌ	ヌ ヌ ヌ	ヌ ヌ ヌ ヌ ヌ ヌ
ne	ネ	、 ヲ / ネ ネ	ネ ネ ネ	ネ ネ ネ ネ ネ ネ
no	ノ	ノ	ノ ノ ノ	ノ ノ ノ ノ ノ ノ
ha	ハ	ノ ハ	ハ ハ ハ	ハ ハ ハ ハ ハ ハ
hi	ヒ	一 ヒ	ヒ ヒ ヒ	ヒ ヒ ヒ ヒ ヒ ヒ
fu	フ	フ	フ フ フ	フ フ フ フ フ フ
he	ヘ	ヘ	ヘ ヘ ヘ	ヘ ヘ ヘ ヘ ヘ ヘ
ho	ホ	一 十 / ナ ホ	ホ ホ ホ	ホ ホ ホ ホ ホ ホ

Ⅱ Write the words below in *katakana*.

1. ぼさのば
   (bossa nova)

2. かぬー
   (canoe)

3. はーぶ
   (herb)

4. びきに
   (bikinis)

5. なっつ
   (nuts)

6. ぺっと
   (pet)

7. こね
   (connection)

8. ひっぴー
   (hippie)

9. ねくたい
   (necktie)

クラス _____ なまえ _____

第2課 4 Katakana (マ - ヨ)
だい に か

Ⅰ Practice writing the following eight *katakana* (マ through ヨ).

ma マ	ヌ マ	マ	マ	マ	マ	マ	マ	マ	マ	マ
mi ミ	、 ミ	ミ	ミ	ミ	ミ	ミ	ミ	ミ	ミ	ミ
mu ム	∠ ム	ム	ム	ム	ム	ム	ム	ム	ム	ム
me メ	ノ メ	メ	メ	メ	メ	メ	メ	メ	メ	メ
mo モ	一 ニ モ	モ	モ	モ	モ	モ	モ	モ	モ	モ
ya ヤ	一 ヤ	ヤ	ヤ	ヤ	ヤ	ヤ				
yu ユ	⁊ ユ	ユ	ユ	ユ	ユ	ユ				
yo ヨ	⁊ ヲ ヨ	ヨ	ヨ	ヨ	ヨ	ヨ				

Ⅱ Write the words below in *katakana*.

1. めも
   (memo)

2. むーど
   (mood)

3. みに
   (mini)

4. まや
   (Maya)

5. よっと
   (yacht)

6. ゆーざー
   (user)

7. きゃっぷ
   (cap)

8. しちゅー
   (stew)

9. しょっく
   (shock)

クラス ＿＿＿＿＿＿＿＿ なまえ ＿＿＿＿＿＿＿＿＿＿＿＿＿＿＿＿＿

第2課 だいにか 5 Katakana (ラ - ン)

Ⅰ Practice writing the following eight *katakana* (ラ through ン).

ra ラ	ˉ ラ	ラ	ラ	ラ	ラ				
ri リ	ˈ リ	リ	リ	リ	リ				
ru ル	ノ ル	ル	ル	ル	ル				
re レ	レ	レ	レ	レ	レ				
ro ロ	ˈ ロ ロ	ロ	ロ	ロ	ロ				
wa ワ	ˈ ワ	ワ	ワ	ワ	ワ				
o (wo) ヲ	ˉ ニ ヲ	ヲ	ヲ	ヲ	ヲ				
n ン	ˋ ン	ン	ン	ン	ン				

Ⅱ Write the words below in *katakana*.

The small *katakana* エ is used with シ and チ to transcribe the sounds "she" and "che": シェパード (shepherd), and チェンジ (change), for example.

1. よーろっぱ
   (Europe)

2. わっくす
   (wax)

3. るーれっと
   (roulette)

4. あふりか
   (Africa)

5. らーめん
   (ramen noodle)

6. しぇーくすぴあ
   (Shakespeare)

7. ちぇ・げばら
   (Che Guevara)

クラス _____ なまえ _____

第3課 1 Kanji Practice

001	一	一	一	一	一	一	一	一	一	一
002	二	二	二	二	二	二	二	二	二	二
003	三	三	三	三	三	三	三	三	三	三
004	四	四	四	四	四	四	四	四	四	四
005	五	五	五	五	五	五	五	五	五	五
006	六	六	六	六	六	六	六	六	六	六
007	七	七	七	七	七	七	七	七	七	七
008	八	八	八	八	八	八	八	八	八	八
009	九	九	九	九	九	九	九	九	九	九
010	十	十	十	十	十	十	十	十	十	十
011	百	百	百	百	百	百	百	百	百	百
012	千	千	千	千	千	千	千	千	千	千
013	万	万	万	万	万	万	万	万	万	万
014	円	円	円	円	円	円	円	円	円	円
015	時	時	時	時	時	時	時	時	時	時

クラス _____   なまえ _____

第3課 2 Using Kanji

(I) Write the numbers in kanji.

1. 41

2. 300

3. 1,500

4. 2,890

5. 67,000

6. 128,000

7. 1,000,000

(II) Write in kanji.

1. A：これはいくらですか。　B：＿＿＿＿＿＿＿＿＿です。
　　　　　　　　　　　　　　　　ろっぴゃくえん

2. A：いまなん＿＿＿ですか。　B：＿＿＿＿＿＿＿＿＿です。
　　　　　　　　　じ　　　　　　　　じゅうにじ

(III) Using the kanji you have learned, translate the following sentences into Japanese.

1. This watch is 49,000 yen.

2. That bag is 5,300 yen.

3. Ms. Yamanaka gets up at six.

4. Ms. Kawaguchi goes to college at seven.

5. Mr. Suzuki usually goes to bed at about twelve.

6. I sometimes drink coffee at a cafe. The coffee is 180 yen.

クラス _____ なまえ _____

第4課 1 Kanji Practice

016 日	日	日	日	日	日	日	日	日	日
017 本	本	本	本	本	本	本	本	本	本
018 人	人	人	人	人	人	人	人	人	人
019 月	月	月	月	月	月	月	月	月	月
020 火	火	火	火	火	火	火	火	火	火
021 水	水	水	水	水	水	水	水	水	水
022 木	木	木	木	木	木	木	木	木	木
023 金	金	金	金	金	金	金	金	金	金
024 土	土	土	土	土	土	土	土	土	土
025 曜	曜	曜	曜	曜	曜	曜	曜	曜	曜
026 上	上	上	上	上	上	上	上	上	上
027 下	下	下	下	下	下	下	下	下	下
028 中	中	中	中	中	中	中	中	中	中
029 半	半	半	半	半	半	半	半	半	半

クラス _____   なまえ _____

第4課 2 Using Kanji

(I) Write in kanji.

1. Sunday   5. Thursday

2. Monday   6. Friday

3. Tuesday   7. Saturday

4. Wednesday

(II) Write in kanji.

1. _____ご の_____はかばんの_____です。   2. _____をのみます。
　　　にほん　　　ほん　　　　　　　なか　　　　　　　　　　　　　　みず

3. いま、_____です。
　　　　　　ろくじはん

4. エレベーターは_____にいきますか。_____にいきますか。
　　　　　　　　　うえ　　　　　　　　した

5. わたしのともだちは_____です。
　　　　　　　　　　にほんじん

(III) Using the kanji you have learned, translate the following sentences into Japanese.

1. I went to a restaurant with a Japanese friend on Friday.

2. I got up at about ten thirty on Saturday.

3. I went to a temple alone on Monday.

4. The book is on the desk. The newspaper is under the book.

クラス _____ なまえ _____

第5課 1 Kanji Practice

030	山	山	山	山	山	山	山	山	山	山
031	川	川	川	川	川	川	川	川	川	川
032	元	元	元	元	元	元	元	元	元	元
033	気	気	気	気	気	気	気	気	気	気
034	天	天	天	天	天	天	天	天	天	天
035	私	私	私	私	私	私	私	私	私	私
036	今	今	今	今	今	今	今	今	今	今
037	田	田	田	田	田	田	田	田	田	田
038	女	女	女	女	女	女	女	女	女	女
039	男	男	男	男	男	男	男	男	男	男
040	見	見	見	見	見	見	見	見	見	見
041	行	行	行	行	行	行	行	行	行	行
042	食	食	食	食	食	食	食	食	食	食
043	飲	飲	飲	飲	飲	飲	飲	飲	飲	飲

クラス _____ なまえ _____

第5課 2 Using Kanji

(I) Write the appropriate mixes of kanji and *hiragana*.

1. _____ですか。
   げんき

2. _____はいい_____ですね。
   きょう   てんき

3. あの_____の_____は_____さんです。
   おとこ   ひと   やまかわ

4. あの_____の_____は_____さんです。
   おんな   ひと   やまだ

5. _____はきのうレストランに_____。
   わたし   いきました

6. ピザを_____。 コーヒーを_____。
        たべました   のみました

7. うちでテレビを_____。
              みました

(II) Using the kanji you have learned, translate the following sentences into Japanese.

1. I am now in Japan.

2. Ms. Tanaka is fine. Mr. Yamakawa is not fine.

3. I went to the mountain with a Japanese man and woman.

4. I ate dinner with my friend on Tuesday.

5. On Wednesday, I drank a lot of alcohol. And then I saw a video.

クラス _____　なまえ _____

第6課 1 Kanji Practice

044	東	東	東	東	東	東	東	東	東	東
045	西	西	西	西	西	西	西	西	西	西
046	南	南	南	南	南	南	南	南	南	南
047	北	北	北	北	北	北	北	北	北	北
048	口	口	口	口	口	口	口	口	口	口
049	出	出	出	出	出	出	出	出	出	出
050	右	右	右	右	右	右	右	右	右	右
051	左	左	左	左	左	左	左	左	左	左
052	分	分	分	分	分	分	分	分	分	分
053	先	先	先	先	先	先	先	先	先	先
054	生	生	生	生	生	生	生	生	生	生
055	大	大	大	大	大	大	大	大	大	大
056	学	学	学	学	学	学	学	学	学	学
057	外	外	外	外	外	外	外	外	外	外
058	国	国	国	国	国	国	国	国	国	国

第6課 2 Using Kanji

(I) Write the appropriate mixes of kanji and *hiragana*.

1. ＿＿＿＿ ＿＿＿ ＿＿＿＿ ＿＿＿
   ひがし　にし　みなみ　きた

2. ＿＿＿＿＿を＿＿＿＿＿、＿＿＿＿へ＿＿＿＿＿行ってください。
   みなみぐち　　　でて　　　みぎ　　ごふん

3. ＿＿＿＿＿を＿＿＿＿＿、＿＿＿＿へ＿＿＿＿＿行ってください。
   にしぐち　　　でて　　　ひだり　じゅっぷん

4. 山下さんは＿＿＿＿＿＿＿＿です。
   だいがくせい

5. ＿＿＿＿＿はよく＿＿＿＿＿に行きます。
   せんせい　　　　がいこく

(II) Using the kanji you have learned, translate the following sentences into Japanese.

1. There are lots of foreign teachers in my college.

2. The college is to the left of a bank.

3. Go out the east exit and go to the right, please.

4. The restaurant is near the south exit.

5. I ate pizza and drank wine at the restaurant.

6. I waited for twenty minutes at the north exit.

クラス _____　なまえ _____

第7課 1 Kanji Practice

059 京	京	京	京	京	京	京	京	京	京
060 子	子	子	子	子	子	子	子	子	子
061 小	小	小	小	小	小	小	小	小	小
062 会	会	会	会	会	会	会	会	会	会
063 社	社	社	社	社	社	社	社	社	社
064 父	父	父	父	父	父	父	父	父	父
065 母	母	母	母	母	母	母	母	母	母
066 高	高	高	高	高	高	高	高	高	高
067 校	校	校	校	校	校	校	校	校	校
068 毎	毎	毎	毎	毎	毎	毎	毎	毎	毎
069 語	語	語	語	語	語	語	語	語	語
070 文	文	文	文	文	文	文	文	文	文
071 帰	帰	帰	帰	帰	帰	帰	帰	帰	帰
072 入	入	入	入	入	入	入	入	入	入

クラス _____　　なまえ _____

第7課 2 Using Kanji

Ⅰ Write the appropriate mixes of kanji and *hiragana*.

1. ___東京___ で ___京子___ さんの ___お父うさん___ に _____。
　　 とうきょう　　きょうこ　　　　　　　おとうさん　　　　　　　あいました

2. ___お母さん___ は_____、_____ に行きます。
　　 おかあさん　　　　　　まいにち　　　　かいしゃ

3. 今日は何時に_____か。
　　　　 なん　　　　 かえります

4. このケーキは_____、_____ です。
　　　　　　　　 ちいさくて　　　　たかい

5. クラブに_____ います。
　　　　　　 はいって

6. _____ で_____ と_____ を勉強しました。
　　 こうこう　　　　にほんご　　　　ぶんがく　　　 べんきょう

Ⅱ Using the kanji you have learned, translate the following sentences into Japanese.

1. Kyoko's younger sister is a high school student.

2. Kyoko's mother works for a small company.

3. Kyoko's father comes home late every day.

4. I am studying Japanese and literature.

5. Ms. Minami speaks English a little.

クラス _____ なまえ _____

第8課 1 Kanji Practice

073	員	員	員	員	員	員	員	員	員	員
074	新	新	新	新	新	新	新	新	新	新
075	聞	聞	聞	聞	聞	聞	聞	聞	聞	聞
076	作	作	作	作	作	作	作	作	作	作
077	仕	仕	仕	仕	仕	仕	仕	仕	仕	仕
078	事	事	事	事	事	事	事	事	事	事
079	電	電	電	電	電	電	電	電	電	電
080	車	車	車	車	車	車	車	車	車	車
081	休	休	休	休	休	休	休	休	休	休
082	言	言	言	言	言	言	言	言	言	言
083	読	読	読	読	読	読	読	読	読	読
084	思	思	思	思	思	思	思	思	思	思
085	次	次	次	次	次	次	次	次	次	次
086	何	何	何	何	何	何	何	何	何	何

クラス _____   なまえ _____

第8課 2 Using Kanji

(I) Write the appropriate mixes of kanji and *hiragana*.

1. 川口さんは____会社員____だと____思います____。
   かわぐち   かいしゃいん   おもいます

2. 友だちは____仕事____を____休む____と____言って____いました。
   とも   しごと   やすむ   いって

3. ____新聞____を____読みます____。
   しんぶん   よみます

4. ____新しい____ ____車____を買いました。
   あたらしい   くるま   か

5. ____次____の____電車____は____何時____ですか。
   つぎ   でんしゃ   なんじ

6. ____休み____の日にスパゲッティーを____作りました____。
   やすみ   つくりました

(II) Translate the following sentences into Japanese.

1. I read the newspaper on a train.

2. I made a questionnaire.

3. I think company employees in Japan are busy.

4. What do you do on holidays?

5. Kyoko said that she went to Tokyo last week.

6. The next train comes at eleven o'clock.

クラス _____ なまえ _____

第9課 1 Kanji Practice

087 午	午	午	午	午	午	午	午	午	午
088 後	後	後	後	後	後	後	後	後	後
089 前	前	前	前	前	前	前	前	前	前
090 名	名	名	名	名	名	名	名	名	名
091 白	白	白	白	白	白	白	白	白	白
092 雨	雨	雨	雨	雨	雨	雨	雨	雨	雨
093 書	書	書	書	書	書	書	書	書	書
094 友	友	友	友	友	友	友	友	友	友
095 間	間	間	間	間	間	間	間	間	間
096 家	家	家	家	家	家	家	家	家	家
097 話	話	話	話	話	話	話	話	話	話
098 少	少	少	少	少	少	少	少	少	少
099 古	古	古	古	古	古	古	古	古	古
100 知	知	知	知	知	知	知	知	知	知
101 来	来	来	来	来	来	来	来	来	来

クラス _____   なまえ _____

第9課 2 Using Kanji

Ⅰ Write the appropriate mixes of kanji and *hiragana*.

1. _____ は _____ が降っていました。
　　ごぜんちゅう　　あめ

2. _____ は _____ の _____ に行って、_____。
　　ごご　　　　ともだち　　　いえ　　　　　　　　　はなしました

3. この _____ 着物は _____ _____ です。
　　　　しろい　　　　　　　すこし　　　　ふるい

4. あの人の _____ を _____ いますか。_____ ください。
　　　　なまえ　　　　　　しって　　　　　　　　かいて

5. _____ 待ちましたが、スーさんは _____。
　　にじかん　　　　　　　　　　　　　　　　　　きませんでした

Ⅱ Translate the following sentences into Japanese.

1. I wrote a letter to my friend in the afternoon.

2. I read a book for one hour at home.

3. I had a talk with Ken's father. It was interesting.

4. The name of Mr. Yamashita's dog is Pochi.

5. My dictionary is a little old.

6. Please come to my house. Let's talk.

クラス _____　なまえ _____

第10課 1 Kanji Practice

102	住	住	住	住	住	住	住	住	住	住
103	正	正	正	正	正	正	正	正	正	正
104	年	年	年	年	年	年	年	年	年	年
105	売	売	売	売	売	売	売	売	売	売
106	買	買	買	買	買	買	買	買	買	買
107	町	町	町	町	町	町	町	町	町	町
108	長	長	長	長	長	長	長	長	長	長
109	道	道	道	道	道	道	道	道	道	道
110	雪	雪	雪	雪	雪	雪	雪	雪	雪	雪
111	立	立	立	立	立	立	立	立	立	立
112	自	自	自	自	自	自	自	自	自	自
113	夜	夜	夜	夜	夜	夜	夜	夜	夜	夜
114	朝	朝	朝	朝	朝	朝	朝	朝	朝	朝
115	持	持	持	持	持	持	持	持	持	持

クラス _____   なまえ _____

第10課 2 Using Kanji

Ⅰ Write the appropriate mixes of kanji and *hiragana*.

1. _____、この_____に_____つもりです。
   らいねん　　　　　まち　　　すむ

2. _____の_____に____が降りました。
   ことし　　　おしょうがつ　　ゆき　　ふ

3. _____の時計を_____、友だちのプレゼントを_____。
   じぶん　とけい　　うって　　　　　　　　　　　　　　かいました

4. _____におじぞうさんが_____います。
   みち　　　　　　　　　たって

5. あしたの_____、かさを_____きてください。
   あさ　　　　　もって

6. _____が_____なりました。
   よる　　ながく

Ⅱ Translate the following sentences into Japanese.

1. I live in a small town.

2. It snowed yesterday morning.

3. I sold my old car and bought a new one.

4. Ms. Yamada is tall and has long hair.

5. Do you have an umbrella?

6. This road becomes quiet at night.

クラス _____ なまえ _____

第11課 1 Kanji Practice

116	手	手	手	手	手	手	手	手	手	手
117	紙	紙	紙	紙	紙	紙	紙	紙	紙	紙
118	好	好	好	好	好	好	好	好	好	好
119	近	近	近	近	近	近	近	近	近	近
120	明	明	明	明	明	明	明	明	明	明
121	病	病	病	病	病	病	病	病	病	病
122	院	院	院	院	院	院	院	院	院	院
123	映	映	映	映	映	映	映	映	映	映
124	画	画	画	画	画	画	画	画	画	画
125	歌	歌	歌	歌	歌	歌	歌	歌	歌	歌
126	市	市	市	市	市	市	市	市	市	市
127	所	所	所	所	所	所	所	所	所	所
128	勉	勉	勉	勉	勉	勉	勉	勉	勉	勉
129	強	強	強	強	強	強	強	強	強	強
130	有	有	有	有	有	有	有	有	有	有
131	旅	旅	旅	旅	旅	旅	旅	旅	旅	旅

クラス _____   なまえ _____

第11課 2 Using Kanji

(I) Write the appropriate mixes of kanji and *hiragana*.

1. 友だちから_____をもらいました。とても_____人です。
    てがみ   あかるい

2. _____を見たり、_____して、日本語を_____します。
    えいが   うたったり   べんきょう

3. 家の_____に_____があります。
    ちかく   びょういん

4. 父は_____が_____です。
    りょこう   すき

5. 鎌倉_____に住んでいます。とても_____な_____です。
   かまくら し   ゆうめい ところ

(II) Translate the following sentences into Japanese.

1. On my days off I watch movies and sing songs and so on.

2. My friend lives in my neighborhood.

3. I traveled to various places.

4. I don't want to go to a hospital tomorrow.

5. I want to become famous in the future.

6. Please write a letter to me.

7. I have never studied foreign languages.

クラス _____ なまえ _____

第12課 1 Kanji Practice

132 昔	昔	昔	昔	昔	昔	昔	昔	昔	昔
133 々	々	々	々	々	々	々	々	々	々
134 神	神	神	神	神	神	神	神	神	神
135 早	早	早	早	早	早	早	早	早	早
136 起	起	起	起	起	起	起	起	起	起
137 牛	牛	牛	牛	牛	牛	牛	牛	牛	牛
138 使	使	使	使	使	使	使	使	使	使
139 働	働	働	働	働	働	働	働	働	働
140 連	連	連	連	連	連	連	連	連	連
141 別	別	別	別	別	別	別	別	別	別
142 度	度	度	度	度	度	度	度	度	度
143 赤	赤	赤	赤	赤	赤	赤	赤	赤	赤
144 青	青	青	青	青	青	青	青	青	青
145 色	色	色	色	色	色	色	色	色	色

クラス _____   なまえ _____

第12課 2 Using Kanji

Ⅰ Write the appropriate mixes of kanji and *hiragana*.

1. 昔々_____、ある所に 神さま_____ がいました。
   むかしむかし　　　　　　　　　かみさま

2. 牛___ を 連_____、 働_____ います。
   うし　　　つかって　　　　はたらいて

3. 毎日、朝 早く_____、 起きます_____。
   　　　　　はやく　　　　おきます

4. 大人は 赤い_____ 色___、子どもは 青い_____ 色___ のTシャツを着ています。
   おとな　あかい　　　いろ　　　　　　あおい　　　いろ　　ティー　　　き

5. _____ の休みに、友だちを _____ _____。
   こんど　　　　　　　　　　　　つれて　　　　かえります

6. そこで、友だちと_____。
   　　　　　　　　　わかれました

Ⅱ Translate the following sentences into Japanese.

1. I like red color and blue color.

2. Let's go to a movie in the near future.

3. I don't like getting up early in the morning.

4. I don't want to separate from you.

5. May I use a telephone?

6. I have to work this weekend.